OFICINA
de LUDICIDADE
na ESCOLA

SIMÃO de MIRANDA

OFICINA de LUDICIDADE na ESCOLA

Capa	Fernando Cornacchia
Foto de capa	Rennato Testa
Coordenação	Ana Carolina Freitas
Copidesque	Lúcia Helena Lahoz Morelli
Diagramação	DPG Editora
Revisão	Bruna Fernanda Abreu, Daniele Débora de Souza e Isabel Petronilha Costa

Dados Internacionais de Catalogação na Publicação (CIP)
(Câmara Brasileira do Livro, SP, Brasil)

Miranda, Simão de
 Oficina de ludicidade na escola/Simão de Miranda. – Campinas, SP: Papirus, 2013.

Bibliografia.
ISBN 978-85-308-1014-6

1. Brincadeiras 2. Brinquedos 3. Educação de crianças 4. Jogos educativos 5. Psicologia educacional. I. Título.

13-04751   CDD-371.337

Índices para catálogo sistemático:

1. Oficinas ludopedagógicas: Educação   371.337

3ª Reimpressão – 2019
Livro impresso sob demanda – 150 exemplares

Exceto no caso de citações, a grafia deste livro está atualizada segundo o Acordo Ortográfico da Língua Portuguesa adotado no Brasil a partir de 2009.

Proibida a reprodução total ou parcial da obra de acordo com a lei 9.610/98. Editora afiliada à Associação Brasileira dos Direitos Reprográficos (ABDR).

DIREITOS RESERVADOS PARA A LÍNGUA PORTUGUESA:
© M.R. Cornacchia Editora Ltda. – Papirus Editora
R. Barata Ribeiro, 79, sala 316 – CEP 13023-030 – Vila Itapura
Fone/fax: (19) 3790-1300 – Campinas – São Paulo – Brasil
E-mail: editora@papirus.com.br – www.papirus.com.br

*Para Stela,
minha estrela
da vida inteira.*

*No jogo existe alguma coisa "em jogo"
que transcende as necessidades imediatas da vida
e confere um sentido à ação.*
Huizinga (1971, p. 4)

Sumário

MEU BARQUINHO DE PAPEL 11

COM A PALAVRA, AS CRIANÇAS! 13

INTRODUÇÃO 15

1. BASES TEÓRICAS DA OFICINA 21
   A psicogênese de Piaget 24
   O ambiente sócio-histórico-cultural de Vygotsky 26
   Os infantes brincantes de Wallon 29
   Decroly, Claparède, Rogers e Winnicott 30
   Sociologia/antropologia do jogo 31
   Jogo, brinquedo e brincadeira: Conceitos possíveis 33
   Guias para as seleções e avaliações dos jogos 36

2. O QUE ESTÁ EM JOGO QUANDO AS CRIANÇAS JOGAM 39
   Cognição 41
      Dez jogos com a tônica no desenvolvimento cognitivo 43
         1. Estou vendo... | 2. O jogo dos sete erros | 3. De letra, a palavra | 4. Quem tem boa memória? | 5. Bingo numérico | 6. O trenzinho | 7. Pega-ficha | 8. O que mudou? | 9. Baralho numérico | 10. Isto é um gato
      Jogos cognitivos tradicionais 51
   Socialização 51
      Dez jogos com a tônica no desenvolvimento social 54

1. Dois em um | 2. Olá, muito prazer... | 3. Quem saiu? | 4. O espelho | 5. Balões juntos | 6. As profissões dos nossos pais | 7. Quero conhecê-lo melhor | 8. A mais bela constelação | 9. Diferentes, mas semelhantes | 10. O móbile
    Jogos socializadores tradicionais 62

Afetividade 62

    Dez jogos com a tônica no desenvolvimento afetivo 64
1. Os anjos | 2. O gatinho | 3. Cumprimentos divertidos – 1 | 4. O bichinho de pelúcia | 5. O cruzeiro | 6. Cumprimentos divertidos – 2 | 7. Conheço-o até de olhos fechados | 8. Abraços coletivos | 9. Autoconhecer-se | 10. Laços de crianças
    Jogos afetivos tradicionais 72

Motivação 72

    Dez jogos com a tônica na motivação 76
1. Uma viagem divertida | 2. Mãos sobre mãos | 3. Os caçadores das sombras | 4. Ora, bolas! | 5. A travessia do rio | 6. Balões movidos a sopro | 7. Uma roda muito engraçada | 8. O duelo dos balões entre joelhos | 9. A corrente dinâmica | 10. A expedição
    Jogos motivadores tradicionais 83

Criatividade 84

    Dez jogos com a tônica na criatividade 87
1. O naufrágio | 2. Recriando histórias em quadrinhos | 3. Eu paro ou continuo? | 4. O que falta? | 5. O que existe na caixa? | 6. Os retratistas fantásticos | 7. Para que serve? | 8. O nome de uma coisa... | 9. Desenhistas exemplares | 10. Com que letra?
    Jogos criativos tradicionais 96

Psicomotricidade 96

    Dez jogos com a tônica no desenvolvimento psicomotor 99
1. Coreografia (lateralidade, atenção, percepção) | 2. A bola que vai e volta (lateralidade, atenção, percepção) | 3. Compartilhamento divertido (tônus, organização espaçotemporal, percepção, atenção, memória) | 4. A lavadeira apressada (coordenação motora global e fina, atenção, percepção) | 5. Aponte a parte que ouviu (conhecimento corporal, atenção, percepção, memória) | 6. Radiografia do meu corpo (conhecimento corporal, pecepção, organização espaçotemporal) | 7. Triatlo diferente (postura e equilíbrio) | 8. Os últimos serão os primeiros (postura e equilíbrio, tônus) | 9. O hipnotizador (organização espaçotemporal, tônus, postura e equilíbrio) | 10. As quatro bases (organização espaçotemporal)
    Jogos psicomotores tradicionais 107

E para além dos muros da escola? 107

O que o jogo infantil pode fazer pela autoestima da criança? 110

  A cogitação de Drummond ou o professor lúdico 111
  A imbricação dos fenômenos 113
3. ARREMATES 115
  O herói latente 115
  A grande bola azul 116
  De Odisseu a Dom Quixote 117

APÊNDICE – TRÊS TEXTOS PARA A REFLEXÃO
DE PAIS E PROFESSORES 121
  Jardim de infância – Robert Fulghum 121
  O menininho – Helen E. Buckley 122
  Apenas brincando – Anita Wadley 124

REFERÊNCIAS BIBLIOGRÁFICAS 127

MEU BARQUINHO DE PAPEL

Meu barquinho de papel
Bravamente veleja
Nas correntezas da chuva,
Ou numa poça que seja.
Engana-se quem achar
Que é o vento quem o maneja.
Meu barquinho de papel
Não se deixa levar,
Faz seu próprio caminho.
Seja torto, seja reto,
Meu barquinho faz seu trajeto,
Não segue estrada pronta!
No convés do meu barquinho
Vão os sonhos de menino
Que não hão de naufragar,
Pois meu barquinho ligeiro
É uma forte caravela,
Um possante veleiro,
Um sereno barco a vela,
Um navio cargueiro...
Mas se, por obra do destino,
Meu barquinho afundar
Com meus sonhos de menino,
Não vou me amargurar,
Farei dele o mais lindo submarino!

Simão de Miranda

COM A PALAVRA, AS CRIANÇAS!

Eu fico com a pureza da resposta das crianças...
Gonzaguinha

Presenteio você, caro leitor, com verbalizações ricas de algumas das crianças com as quais conversei para escrever este livro. Os nomes são fictícios. Deleite-se, reflita e tire proveito.

O que eu mais gosto nas aulas é brincar!
Janaína, 8 anos

Gosto de vir pra escola porque lá em casa não é divertido.
Meiriele, 9 anos

Quero que minha próxima tia seja uma que também brinque com a gente.
Elaine, 8 anos

Minha tia é carinhosa, por isso que eu gosto dela.
Jairo, 7 anos

Minha aula é divertida.
Josué, 7 anos

Eu aprendo e eu brinco ao mesmo tempo.
Sandro, 7 anos

Quando a gente joga a gente também faz amizades.
Sílvio, 9 anos

Eu sou feliz porque brinco.
Jonas, 6 anos

Menos dever, mais brincadeiras...
Wallace, 7 anos

Não gosto de ficar sentado [sic] o tempo todo...
Maria, 7 anos

Felicidade? É um brinquedo.
Mariângela, 7 anos

O que é alegria? É vir pra escola...
Cristiano, 8 anos

Gosto de vir pra minha aula porque na minha rua eu sou tímida, aqui não.
Suely, 8 anos

INTRODUÇÃO

> *A escola de hoje, onde não há mais palmatória,*
> *onde quase não há castigo,*
> *não tem uma imagem melhor,*
> *em relação à alegria,*
> *do que a mais rude escola do passado.*
> Snyders (1993, p. 14)

Vivemos um tempo sempre novo e de uma dinâmica imponderável. O mundo social fértil em significações chamado escola exerce um papel de inquestionável e sempre urgente importância, uma vez que é neste terreno que se dá o mais rico fluxo de vivências e convivências dos sujeitos em formação. Por isso, nossa prática pedagógica necessita, sem mais demora, sintonizar-se mais clara e comprometidamente com as transformações cada vez mais dinâmicas que temos vivido.

Esse novo tempo trouxe consigo cobranças de novas posturas, inclusive dos pontos de vista relacionais, de revisão do antigo, de rupturas constantes de paradigmas, da coragem de ousar, de reinventar e reinventar-se, de criar e de renovar significações. Nesse novo tempo, que continua se renovando à velocidade da luz na mesma proporção em que envelhece, o aluno não deve meramente "passar pela escola"; essa etapa precisa ser prenhe de significados, relacionados não apenas ao aprendizado escolar, mas sobretudo à vida.

A epígrafe que abre esta Introdução reivindica um melhor semblante para a escola, já que ela superou muitas razões históricas para ser soturna e sorumbática. Ao mesmo tempo, reconhecemos que as salas de aula do passado e as do presente diferem-se muito pouco no quesito "alegria". O início da caminhada do aluno nas alamedas da educação escolar precisa ser o indicador mais consistente para o "enfrentamento" das provas que hão de vir no percurso da escola e da vida. São experiências primeiras que ajudam a definir o sentido das tentativas vindouras. Por isso, os primeiros pilares da ponte que quero construir entre o jogo infantil e a educação escolar são alicerçados na natureza das vivências iniciais da criança em sala de aula.

Penso, faz tempo, que se situam no jogo as significações mais vívidas que a pedagogia do princípio da escolarização carece. Ora, somos movidos, ontológica e filogeneticamente, pelo prazer! Seja o prazer de ser, seja o prazer do fazer, seja o prazer que seja! Prazer e regozijo não se dissociam jamais, e o brincar é fonte que jorra inesgotavelmente desses dois elementos. O jogo, o brinquedo e a brincadeira sempre estiveram presentes na vida do homem, dos mais remotos tempos até os dias de hoje, nas suas mais diversas manifestações: religiosas, filosóficas, sociais, esportivas, educacionais, culturais, bélicas, gastronômicas, científicas etc. Do nascimento até a morte, nossa existência está preenchida do substrato lúdico. Entretanto, questões importantes se fazem presentes neste livro: de que forma o jogo infantil pode ser utilizado como um recurso adjuvante à prática pedagógica e ao desenvolvimento da criança? O que está em jogo quando a criança joga?

Então, convido você, queridíssimo leitor, a compartilhar comigo e a repartir com as crianças esta experiência demorada, paulatina, afetuosa e alegremente construída por minhas vivências no campo da ludicidade infantil, com professores e com crianças, há mais de 20 anos. Mas, antes, peço sua especial atenção para estas orientações e advertências importantes:

1. Este trabalho considera que jogo, brinquedo e brincadeira cumprem as funções defendidas aqui, tanto no plano pedagógico quanto no plano desenvolvimental, desde que

estas sejam orientadas, coletivas, normatizadas e direcionadas a objetivos claros.

2. Conclua a leitura deste livro a fim de fundamentar-se, teórica e metodologicamente, habilitando-se da melhor forma para a condução da oficina.

3. Tenha em mãos todos os materiais necessários aos jogos planejados, embora este elenco de sugestões os exija tão minimamente.

4. Não se aproprie desta oficina como receituário. Lembre-se o tempo todo de que somos biopsicossocial e culturalmente diferentes. É extremamente importante que as propostas lúdicas sejam readequadas ao contexto. Acredito no seu cabedal de conhecimento e também no seu bom senso. Após cada atividade realizada há a exigência de avaliação: tome nota imediatamente, para não dispersar na memória de curto prazo, se os objetivos pretendidos foram alcançados e em que medida isso ocorreu ou não; em que ponto o jogo pode ser conduzido com outras variáveis; que aspectos podem e devem ser corrigidos na próxima realização.

5. Durante sua condução, cuide para não intervir a todo momento; deixe o jogo correr e oriente somente o necessário, sem, no entanto, se esquecer de que você é igualmente um partícipe ativo dos jogos. Tenha sempre em mente, contudo, que, como você é também o professor, sua postura perante o grupo poderá influenciar os resultados pretendidos.

6. Os momentos de verbalização após os jogos são de especial valor; retire deles o melhor proveito possível.

7. Procure ter sempre uma visão geral da turma durante os jogos e também das verbalizações, até mesmo para avaliar o grau de interesse de cada um.

8. Busque sempre constituir agrupamentos diferentes entre as crianças, revezando os integrantes de cada turma ao longo das atividades. Essa diversidade só fará bem.

9. Seja dinâmico, comunicativo, alegre e motivador, a fim de proporcionar o entusiasmo necessário para que se extraia do jogo o seu melhor.
10. Permita às crianças a cogestão das atividades propostas, inclusive no que diz respeito à negociação das regras.
11. Sabemos do valor dos jogos cooperativos, mas é preciso destacar igualmente o espírito competitivo, pois ele também promove um incentivo extraordinário para a adesão e a continuidade do envolvimento na atividade. Porém, esteja atento à rivalidade embutida no jogo, no sentido de não supervalorizá-la. Há um ditado antigo que adverte sabiamente: "De veneno a remédio, tudo é uma questão de dose".
12. Trate com especial bom senso e sensibilidade quatro aspectos melindrosos que irrompem durante os jogos: o erro, a derrota, a penalidade e a eliminação. Quando eles surgirem, busque desmitificá-los, reforçando que são fatores inerentes a um jogo e que até o tornam mais divertido – afinal, se ocorrem a um grupo em determinado jogo, em outro esse mesmo grupo vivenciará seus opostos.

Por fim, este livro está assim organizado:

O Capítulo 1 apresenta as bases teóricas desta proposta, que se enreda em uma teia de respeitáveis clássicos: Piaget, Vygotsky, Wallon, Decroly, Claparède, Rogers, Winnicott, Huizinga e Caillois; discute os conceitos de jogo, brinquedo e brincadeira; sugere dois guias para ajudar a selecionar, planejar e avaliar os jogos infantis: um na perspectiva dos teóricos considerados neste livro e outro na perspectiva dos Referenciais Curriculares Nacionais para a Educação Infantil do Ministério da Educação, embora a proposta deste estudo se estenda por toda a infância e, portanto, avance pelo ensino fundamental adiante.

O Capítulo 2 discute as dimensões humanas que estão em pauta quando as crianças jogam, relacionando-as com as possibilidades no campo da educação e, por conseguinte, do desenvolvimento infantil: cognição, socialização, afetividade, motivação, criatividade e psicomotricidade; organiza um elenco de dez jogos para cada dimensão, totalizando 60 propostas praticamente inexigíveis de recursos materiais e classificando-as quanto às dimensões principais e às entendidas como coadjuvantes, assim como quanto às previsões dos Referenciais do MEC relativas aos âmbitos de experiências e aos eixos de conhecimento; indica jogos tradicionais da nossa cultura que favoreçem o exercício de cada dimensão; enfatiza as possibilidades que o jogo infantil praticado na escola constrói para além dos muros da instituição escolar; e, por fim, presenteia o leitor com três sensíveis textos de apoio para uso pessoal ou coletivo, na escola ou na família.

Reitero um desejo meu antigo e perene: que este nosso tão esperançoso mundo seja cada vez mais semelhante ao sorriso confiante de uma criança, já que por muito tempo tem sido fiel à sisudez fatalista do olhar adulto.

Registro um carinho especial aos meus companheiros professores formadores da Escola de Aperfeiçoamento dos Profissionais da Educação (Eape), da Secretaria de Educação do Distrito Federal, sobretudo à Equipe de Formação para a Educação Infantil; foi ali que grande parte destas elucubrações tomou corpo. Deixo meu abraço especialíssimo aos cursistas dessa área de formação que me emprestaram e me emprestam (trata-se, sim, de um empréstimo, porque as devolvo em movimentos interminavelmente bidirecionais) suas cumplicidades, além de se permitirem vestir-se, e investir-se também, de alma pueril e viver os jogos infantis nas nossas aulas.

Tenhamos, portanto, um bom e divertido passeio! Meus contatos estão aí, para continuarmos a conversar.

Simão de Miranda
www.simaodemiranda.com.br
www.facebook.com/simaodemiranda
www.professorsimaodemiranda.blogspot.com
www.twitter.com/simaodemiranda
www.youtube.com/simaodemiranda
simaodemiranda@globo.com

BASES TEÓRICAS DA OFICINA

> *A criança não tem capacidade para considerar as noções adultas de mundo da fantasia e mundo real. Ela só conhece um mundo, e este é exatamente o mundo real no qual e com o qual ela brinca. Ela não está brincando de viver. Brincar é viver.*
>
> Pearce (1987, p. 181)

Logo no primeiro passo da caminhada para adentrarmos neste tema, é fundamental desagregarmos as noções de realidade presentes em nós, adultos, do véu fantasioso do universo infantil. Por quê? Porque cobramos da criança (às vezes, veladamente; outras, explicitamente) coerência com o nosso mundo adulto e não com o seu mundo onírico. Por isso, a abertura deste capítulo vem ilustrada com a advertência de Pearce (1987), trazida do seu recomendável trabalho *A criança mágica*, que nos leva a depreender que a realidade da criança toma o corpo, a cor e o cheiro como percebem seus sentidos.

Buscando fazer um justo resgate da história das propostas de aliança entre jogo e prática educativa, faz-se necessário registrar:

Jean-Jacques Rousseau, filósofo suíço (1712-1778), realizou os primeiros estudos relacionando o jogo ao contexto educacional. A propósito, ele afirma que "em todos os jogos em que estão persuadidas de que se trata apenas de jogos, as crianças sofrem sem se queixar, rindo mesmo, o que nunca sofreriam de outro modo sem derramar torrentes de lágrimas" (Rousseau 1987, p. 87).

Johann Heinrich Pestalozzi, pedagogo suíço (1746-1827), colocou em prática as ideias de Rousseau. Pestalozzi assim asseverava: "A escola é uma verdadeira sociedade, na qual o senso de responsabilidade e as normas de cooperação são suficientes para educar as crianças, e o jogo é um fator decisivo que enriquece o senso de responsabilidade e fortifica as normas de cooperação" (*apud* Gadotti 1993, p. 54).

Friedrich Fröebel, pedagogo alemão (1782-1852) que seguiu o caminho desenhado por Pestalozzi, defendia como fundamental "que a pedagogia considere a criança como atividade criadora e desperte, mediante estímulos, as suas faculdades para a criação produtiva. Com ele se fortalecem os métodos lúdicos na educação. O grande educador consegue, pelo jogo, um admirável meio para promover a educação das crianças" (Cotrim e Parisi 1985, p. 77).

John Dewey, pedagogo e filósofo norte-americano (1859-1952), entendia a educação como parte do desenvolvimento natural do ser humano. Ele assinalava que o jogo "faz o ambiente natural da criança, ao passo que as referências abstratas e remotas não correspondem ao interesse da criança", e que "a escola deve representar a vida presente, uma vida tão real e vital para a criança como a que vive em sua casa, na vizinhança ou no campo de jogo" (Dewey 1940, p. 22).

Maria Montessori, médica italiana (1870-1952), cuja tríade "atividade, individualidade e liberdade" ainda inspira muitos educadores, é a criadora do Material Dourado e, seguindo os ensinamentos de Fröebel, pensa uma educação baseada em jogos sensoriais, defendendo um processo educativo que contemple os contextos intra e extraescolar. Jamais pode ser esquecida, pois sua pedagogia é um marco para os jardins de infância e o início de escolarização.

Roger Cousinet, pedagogo francês (1881-1973), um dos fundadores do escolanovismo,[1] considerava o jogo e a brincadeira atividades naturais

---

1. O escolanovismo, ou Escola Nova, foi um movimento pela renovação educacional difundido na Europa e na América na primeira metade do século XX.

da criança e defendia que a ação educativa precisava fundamentar-se neles: seu método pedagógico tem por base o jogo.

Anton Makarenko, pedagogo russo (1888-1939) que voltou seus interesses aos menores abandonados, entendia o lúdico como faceta concreta e viva do universo infantil. Defendia que o jogo estava para a criança como o trabalho estava para o adulto. Isto é, pensando o jogo como coisa séria, propagava a necessidade de planejá-lo e acompanhá-lo. Makarenko, em virtude disso, cunhou a célebre frase: "O carinho, como o jogo e a comida, exige certa dosagem".[2]

Jean Chateau, pedagogo francês (1908-1990), não dissocia jogo e criança. Emocionadamente, ele faz uma amedrontadora suposição de uma escola com crianças sem brincar:[3]

> (...) suponhamos que, de repente, nossas crianças parem de brincar, que os pátios de nossas escolas fiquem silenciosos, que não tivéssemos mais perto de nós este mundo infantil que faz a nossa alegria e o nosso tormento, mas um mundo triste de pigmeus desajeitados e silenciosos, sem inteligência e sem alma. Pigmeus que poderiam crescer, mas que conservariam por toda a sua existência a mentalidade de pigmeus, de seres primitivos. Pois é pelo jogo, pelo brinquedo, que crescem a alma e a inteligência. É pela tranqüilidade, pelo silêncio – pelos quais os pais às vezes se alegram erroneamente – que se anunciam freqüentemente no bebê as graves deficiências mentais. Uma criança que não sabe brincar, uma miniatura de velho, será um adulto que não saberá pensar. (Chateau 1987, p. 14)

O exercício do brincar, como vê Chateau, é o laboratório do espírito e do intelecto, onde ocorrem as necessárias experiências que corroboram as vivências que hão de vir. Validando Chateau, na definição de educação que Dewey (1978, p. 17) nos oferece, a palavra "experiência" aparece duas vezes. Com grifos meus, vejamos: "processo de reconstrução e reorganização da *experiência* pelo qual lhe percebemos mais agudamente

---

2. Ver: http://revistaescola.abril.com.br/historia/pratica-pedagogica/educar-coletivo-423223.shtml.
3. É importante salientar que Chateau faz uso do termo francês *jouer* que se traduz sinonimicamente por "jogar" e/ou "brincar".

o sentido e com isso nos habilitamos a melhor dirigir o curso de nossas *experiências* futuras".

A atividade lúdica é um grande laboratório onde ocorrem experiências inteligentes e reflexivas. A experiência produz o conhecimento, portanto nos possibilita tornar concretos os conhecimentos adquiridos. Georges Snyders (1916-2011), pedagogo francês, um dos homens da educação mais citados por Paulo Freire, pensou o lúdico como um prazer que conduz à construção do conhecimento. Sempre condenou a escola enfadonha, e, em uma de suas declarações mais contundentes, disse: "A distância entre o escolar e o vivido fora da escola é tão grande que a escola se descobre, por essa razão, desbotada e fantasiosa" (Snyders 1993, p. 120).

Eu não cometeria a imperdoável heresia de omitir Paulo Freire (1921-1997), para quem o brincar era essencial aos processos de construção e reconstrução do saber, para quem a alegria na escola era elemento tão importante quanto os conteúdos a serem ensinados, pai da ideia do uso de jogos na alfabetização de adultos.

Prosseguindo na contemporaneidade, o filósofo e antropólogo francês Brougère (1997, p. 91), ao indagar-se acerca das possibilidades da brincadeira e em relação ao fato de ela ter se entranhado no mundo da educação, explica que "a brincadeira é boa porque a natureza pura, representada pela criança, é boa; tornar a brincadeira um suporte pedagógico é seguir a natureza". Dessa maneira, não há espaço para qualquer hesitação em trazer a ludicidade para o cotidiano do processo de ensino e aprendizagem, sobretudo no início da escolarização.

A psicogênese de Piaget

Seguramente, entre os estudiosos de todos os tempos, não há dúvidas quanto à notabilidade de Jean Piaget. Não apenas pelas latitudes por onde legou contribuições (filosofia, biologia, sociologia, psicologia e epistemologia), mas também pela longitude de suas investigações. Piaget, com mais de 70 livros e 200 artigos publicados, havia percebido, desde cedo, que a biologia mantém laços imediatos com a questão epistemológica.

E é com base nos estudos dessas relações e, principalmente, em um melhor clareamento acerca da origem do conhecimento e dos processos pelos quais este percorre, que Piaget pôde explicar o fenômeno do jogo infantil e sua clara implicação na aprendizagem.

Se considerarmos que algumas estruturas cognitivas surgem durante o desenvolvimento ontogenético, parece não existir dúvida de que o recém-nascido já possui o princípio do jogo como uma atividade absolutamente natural.[4] Nos clássicos estágios do desenvolvimento formulados por Piaget, temos a etapa na qual ocorre a gênese do jogo, que vai do nascimento até o segundo ano de vida da criança. Veja o diagrama:

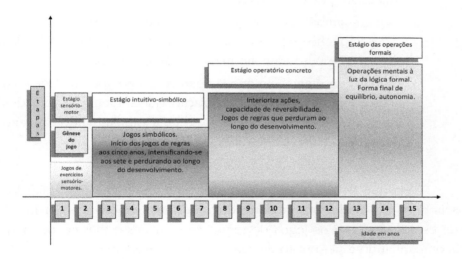

Piaget (1971, p. 208) apresenta-nos argumentos ainda mais sólidos a respeito das evidências iniciais do jogo na infância, ao registrar que o bebê segura o polegar desde o segundo mês de vida, agarra os objetos por volta dos quatro ou cinco meses, depois os sacode, balança-os, esfrega-os e finalmente aprende a arremessá-los e a apanhá-los de volta. As primeiras atividades lúdicas realizadas pelo bebê respondem ao objetivo

---

4. É preciso levar em conta que, para Piaget, até os dois anos de idade ocorre tão somente a gênese do jogo, não ainda o jogo propriamente dito.

da aprendizagem e são asseguradas pelas bases cognitivas advindas da ontogênese; uma vez as tendo adquirido, ele passa a efetuá-las pela satisfação que estas lhe proporcionam.

Para finalizar este tópico e frisar a compreensão piagetiana do jogo nos contextos do desenvolvimento e da aprendizagem, recordo que o epistemólogo suíço classifica o jogo infantil progressivamente em três grupos:

1. os jogos de exercícios sensório-motores, característicos na criança recém-nascida, na forma de gesticulações típicas da idade, até por volta dos dois anos;
2. os jogos simbólicos, nos quais reinam a capacidade imaginativa, o desempenho de papéis e a imitação, que surgem por volta dos dois anos e perduram até mais ou menos os seis anos;
3. os jogos de regras, em que já aparecem a competitividade e os acordos necessários à sua realização, que surgem por volta dos cinco anos e intensificam-se aos sete, acompanhando o sujeito por todo o curso de seu desenvolvimento.

Veja que os jogos simbólicos, por perdurarem até por volta dos seis anos de idade, fazem parte do repertório da criança em início de escolarização, e os jogos de regras surgem nesse mesmo período, acompanhando-a pelo resto de sua caminhada acadêmica.

O ambiente sócio-histórico-cultural de Vygotsky

Lev Vygotsky (1896-1934) foi o mais importante psicólogo bielorusso. De extensa e inacabada obra, ainda é um código a ser desvelado. Vygotsky, pai da perspectiva sócio-histórica, defende que é por meio do jogo que a criança confere distintos significados aos objetos, incrementa a sua abstração e a sua independência. Para ele, no início da escolarização as aptidões da criança para a elaboração de conceitos são potencializadas por meio do lúdico. Dessa maneira, seria impossível que qualquer estudo sobre ludicidade relacionada à educação fosse conduzido sem considerá-lo. Vamos aos recortes mais importantes que interessam a este livro.

É preciso entender, antes, que Vygotsky pensa o desenvolvimento cognitivo infantil como um processo alimentado no campo das interações entre a criança e seus diversos ambientes, seja sua família, seus amiguinhos, os amigos de sua família, a escola etc. O mestre bielo-russo pontua que a importância do jogo no curso do desenvolvimento infantil vai além do prazer que rende à criança, em virtude de realizar tal atividade de forma natural; o grande tesouro que a criança herda quando joga reside nas consequências do ato de imaginar, de planejar, de representar e, fundamentalmente, do simulacro da vida social.

Quanto às potencialidades do jogo no campo pedagógico, Vygotsky (1998, p. 77), referindo-se ao seu conhecido construto denominado zona de desenvolvimento proximal,[5] assevera que "a atividade lúdica cria uma zona de desenvolvimento próprio na criança, de maneira que, durante o período em que joga, ela está sempre além da sua idade real. O jogo constitui, assim, uma fonte muito importante de desenvolvimento". Desse modo, o psicólogo deixa clara a inapelável potencialidade do jogo não apenas no curso do seu desenvolvimento, mas também nos processos de ensino e aprendizagem.

Como que complementando a asserção anterior, Vygotsky (1984, p. 177) sugere que "no brinquedo a criança sempre se comporta além do comportamento habitual de sua idade, além de seu comportamento diário; no brinquedo é como se ela fosse maior do que é na realidade". Indica, portanto, o incalculável valor do brinquedo na ampliação do seu campo de desenvolvimento cognitivo e social.

---

5. Vygotsky defende que a construção do conhecimento ocorre por meio de duas zonas de desenvolvimento: uma real e outra que ele denomina de proximal. De modo que a zona de desenvolvimento real corresponde ao conhecimento já alcançado, ou seja, àquilo que o sujeito traz na sua bagagem de saberes, ao passo que a zona proximal só é atingida com a ajuda de outros indivíduos, digamos, mais "competentes", por já terem adquirido tais saberes.

Uma das mais importantes contribuições de Vygotsky ao estudo do jogo infantil relaciona-se ao jogo simbólico, aquele que nós chamamos de "faz de conta", em que a criança sabe bem onde está a fronteira que separa realidade e fantasia. De extremo valor para todo o desenvolvimento infantil, o "faz de conta" ajuda a expandir a imaginação, a assimilar a realidade e a exercitar a fantasia, o que, em se tratando de princípio de escolarização, favorece a representação simbólica, que é uma condição para galgar as etapas vindouras. O jogo simbólico também abre possibilidades pedagógicas diversas, dentre elas a aprendizagem da linguagem escrita. Vaticina, assim, o mestre:

> A chave para toda a função simbólica da brincadeira infantil é, portanto, a utilização pela criança de alguns objetos como brinquedos e a possibilidade de executar com eles um gesto representativo. Desta maneira, os jogos, assim como os desenhos infantis, unem os gestos e a linguagem escrita. (Vygotsky 1984, p. 122)

Ao assistirmos a um grupo de crianças brincando quase que banalmente de "faz de conta", não aquilatamos a complexidade contida na organização e no desenvolvimento daquela atividade. É o próprio Vygotsky (1984, p. 123) que enfatiza: "O brinquedo simbólico das crianças pode ser entendido como um sistema muito complexo de 'fala' através de gestos que comunicam e indicam os significados dos objetos usados para brincar".

O psicólogo bielo-russo sinaliza oportunamente quanto à questão da regra no contexto do lúdico, ao destacar: "Atributo essencial na brincadeira é que uma regra torna-se um desejo, ou seja, satisfazer as regras torna-se uma fonte de prazer, o que, no futuro, constituirá o nível básico de ação real e moralidade do indivíduo" (Vygotsky, *apud* Oliveira 1994, p. 44). Dessa maneira, Vygotsky coaduna-se com Piaget quanto à ideia de que as regras no contexto do jogo são naturalmente consentidas; assim, sem regra não há jogo. A natural adesão à regra pode, portanto, colaborar na formação moral da criança.

De sua extensa produção intelectual, é notadamente na obra *A formação social da mente* que Vygotsky (1984) mais se detém sobre o tema. Defendendo o poderoso valor do lúdico para a criança, nesse estudo o psicólogo critica outros teóricos que menosprezam a importância do ato de brincar para o desenvolvimento infantil: "Parece-me que as teorias que ignoram o fato de que o brinquedo preenche as necessidades da criança nada mais são do que uma intelectualização pedante da atividade de brincar" (p. 121).

Claro que existem muitos outros aspectos importantes para o desenvolvimento infantil. Entretanto, o que desejo ressaltar aqui é a necessidade de valorizarmos convenientemente tal característica nos contextos de aprendizagem. O próprio Vygotsky, falando, ainda, a respeito do brinquedo, é quem destaca que "ele não é o aspecto predominante da infância, mas é um fator muito importante do desenvolvimento. Como no foco de uma lente de aumento, o brinquedo contém todas as tendências do desenvolvimento sob forma condensada, sendo, ele mesmo, uma grande fonte de desenvolvimento" (*ibidem*, pp. 133-134).

Os infantes brincantes de Wallon

O francês Henri Wallon (1879-1962), estudioso do psiquismo infantil, destaca a importância do jogo, dadas a expressividade e a espontaneidade que o lúdico permite à criança. O jogo, para ele, assemelha-se muito à atividade típica da criança. A psicogenética walloniana prevê quatro aspectos fundamentais que se inter-relacionam incessantemente – a afetividade, o movimento, a inteligência e a formação do "eu" –, fatores que estão presentes na atividade lúdica. Wallon (1981) também propõe uma classificação para os jogos infantis, ao defender que, no curso do desenvolvimento infantil, estes passam por quatro etapas:

1. Os jogos funcionais, ou espontâneos, como explorar o espaço circunvizinho com as mãos, com as pernas, com o olhar, e produzir sons com a boca das mais variadas maneiras.

2. Os jogos de ficção, que são os jogos de imitação, de desempenho de papéis, correspondentes aos jogos simbólicos em Piaget e Vygotsky.
3. Os jogos de aquisição, que permitem à criança aprender, distinguir, reconhecer, julgar etc.
4. Os jogos de fabricação, que são jogos de construção, de combinação, notadamente usando as mãos.

Decroly, Claparède, Rogers e Winnicott

A psicologia tomou emprestadas outras importantes concepções de estudiosos comprometidos com a relação ludicidade-criança-educação. Eis alguns deles:

Jean-Ovide Decroly, psicólogo belga (1871-1932), criou a expressão "jogos educativos" e advogava que a educação e a sociedade deveriam estar em interação constante, devendo a escola ser um prolongamento da vida.

Édouard Claparède, psicólogo suíço (1873-1940), via no jogo um modelo educativo. Cotrim e Parisi (1985, p. 293; grifos nossos) assinalam que, pela ótica de Claparède,

> (...) a escola deve ser *ativa*, isto é, deve mobilizar a atividade da criança. Deve ser mais um laboratório do que um auditório. Com esse fim, poderá tirar um partido útil do *jogo*, estimulando o máximo a atividade da criança. A escola deve fazer amar o trabalho. Demasiadas vezes, ensina a detestá-lo, criando, em torno dos deveres impostos, associações afetivas desagradáveis. Portanto, é indispensável que a escola seja para a criança um meio alegre.

Carl Rogers, psicólogo norte-americano (1902-1987), pai da educação não diretiva, defendia, entre seus princípios teóricos, que o processo educativo deveria ser agradável e não ameaçador.

Donald Winnicott, psicólogo inglês (1896-1971), atestava que "nos anos pré-escolares a brincadeira é um meio fundamental para a criança resolver os problemas emocionais que fazem parte do desenvolvimento. A brincadeira também é um dos métodos característicos da manifestação infantil, um meio para perguntar e para explicar" (Winnicott 1997, p. 70). Assim, o autor propunha outro emprego para o jogo infantil: o terapêutico. Entretanto, assegurava que a possibilidade de arguição e de elucidação criada pelo jogo é essencial para a vida da criança.

Sociologia/antropologia do jogo

A participação cotidiana da criança no universo social da escola precisa ser mais significativa, pois tal estrutura social reclama por uma aliança mais estreita com a prática pedagógica. Cada criança, cada professor, cada gestor, cada auxiliar de ensino, enfim, cada sujeito envolvido no processo educativo é um ator, com seu papel interatuante neste magnífico cenário microssocial. Cada um, também, integra um mecanismo maior, macrossociológico, para além do espaço escolar. Dessa forma, o jogo pode ser o simulacro mais significativo das mais variadas e importantes experiências sociais, dentre elas alguns binômios fundamentais, como cooperação e competição, ônus e bônus, sanção e recompensa, permitido e proibido.

Huizinga, Caillois e a questão da cultura

O historiador e antropólogo holandês Johan Huizinga (1872-1945), biógrafo de Erasmo de Rotterdam (1466-1536), tem como obra principal um trabalho intitulado *Homo ludens: O jogo como elemento de cultura*, publicado originariamente em 1938. Sua fundamental provocação é uma espécie de negação de terminologias do tipo *Homo sapiens* (homem sábio, racional) e *Homo faber* (homem artífice, construtor), em afirmação à de *Homo ludens* (homem brincante). Huizinga (1971) quer dizer com isso que, das características basilares da nossa espécie, uma realmente nos é peculiar e pode nos definir melhor: nem sempre sábios nem sempre construtores, mas sempre brincantes.

Huizinga oferece contribuições importantes ao entendimento do jogo como particularidade humana, abordando-o por um enfoque histórico-sociológico. Referindo-se ao mundo infantil, inicialmente aponta duas características básicas, acrescentando o caráter de discernimento que a criança tem entre o real e o imaginário:

> (...) chegamos, assim, à primeira das características fundamentais do jogo: o fato de ser livre, de ser ele próprio liberdade. Uma segunda característica, intimamente ligada à primeira, é que o jogo não é vida "corrente" nem vida "real". Pelo contrário, trata-se de uma evasão da "vida real" para uma esfera temporária de atividade com orientação própria. Toda criança sabe perfeitamente quando está só fazendo de conta. (Huizinga 1971, p. 11)

Essa sua ideia aparentemente dicotômica de "jogo" e "vida real" é confirmada em Caillois (1990), importante sociólogo e antropólogo francês, bastante respeitado na área da educação, que tem como principal trabalho a obra intitulada *Os jogos e os homens: A máscara e a vertigem*. Todavia, uma das ideias mais conhecidas de Huizinga é a de que o surgimento do jogo poderia ter precedido o surgimento da cultura: "O jogo é fato mais antigo que a cultura, pois esta, mesmo em suas definições mais rigorosas, pressupõe sempre a sociedade humana; mas os animais não esperaram que os homens os iniciassem na atividade lúdica" (Huizinga 1971, p. 3). Esse postulado é contrariado por Caillois (1990), que defende o requisito da cultura, mesmo com características próprias de uma pré-história, para o surgimento do jogo.

A origem e o desenvolvimento das civilizações, para Huizinga, podem também ter sido motivados pelas atividades lúdicas. O autor (1971, p. 120) assim comenta: "Já há muitos anos que vem crescendo em mim a convicção de que é no jogo e pelo jogo que a civilização surge e se desenvolve". Concordando com Huizinga, lembro que há claras referências ao brinquedo nos rituais sagrados dos *Vedas*, assim como no *Mahabharata*, livro sagrado do hinduísmo, no qual o mundo é visto como um jogo de dados, em que o principal jogador – o deus Siva – disputa uma eterna partida com sua esposa.

A mitologia alemã também se refere a um jogo praticado pelos deuses em um infinito tabuleiro, o mundo. Mesmo nos dias atuais, os brinquedos antropomórficos, isto é, que lembram formas humanas, são cultuados como deuses por muitas comunidades indígenas. O jogo, o brinquedo e a brincadeira sempre estiveram presentes na vida do homem, dos mais remotos tempos até os dias de hoje, nas suas mais diversas e inimagináveis manifestações.

E o que leva o ser humano a brincar? Essa é uma das questões sobre as quais Huizinga se debruçou, chegando a três possibilidades: 1) a descarga de energias; 2) a satisfação do instinto de imitação; 3) a necessidade de relaxamento.

Há em comum, entre essas três hipóteses, o fato de que seguramente existe uma função biológica no jogo. Independente disso, para Caillois (1990, p. 11), "todo jogo é um sistema de regras que definem o que é e o que não é do jogo, ou seja, o permitido e o proibido". Ao que Huizinga (1971, p. 14) complementa: "Não há dúvida de que a desobediência às regras implica a derrocada do mundo do jogo".

Para fechar este bloco, contrariando a premissa de alguns de que pode haver jogo sem um outro sujeito, isto é, de que qualquer indivíduo pode jogar sozinho, Caillois (1990, p. 59) contesta, afirmando que "por mais individual que se suponha ser o manusear do brinquedo com que se joga – papagaio, ioiô, pião, diabolô –, deixaríamos rapidamente de nos divertir, caso não houvesse nem concorrentes nem espectadores, por imaginários que fossem". Assim, reafirma-se que a cumplicidade necessária do outro, seja tomando parte do jogo como parceiro ou contendor, seja como audiência, é condição *sine qua non* para a ocorrência do fenômeno lúdico. Essa, sem dúvida, é uma das magias presentes na ludicidade.

Jogo, brinquedo e brincadeira: Conceitos possíveis

São diversas as possibilidades conceituais para esse grupo de expressões, às vezes utilizadas indiscriminadamente, como se fossem sinônimos. Para Piaget (1971), é a existência das regras na situação de jogo que presume as inter-relações dos agrupamentos sociais e das pessoas. Sendo o jogo um espaço social, ele supõe normas. Conforme o epistemólogo suíço,

> (...) o jogo de regras supõe, ao mesmo tempo, ação (motora ou mental) e objeto (seja ele o jogo, o adversário ou ambos). A regra, seja ela institucional (como aparece nos jogos tradicionais) ou espontânea (proposta na relação entre os pares), supõe sempre relações sociais e interindividuais. (*Ibidem*, p. 46)

Brougère (1997, p. 12) também contribui com suas conceituações de jogo e brinquedo. Em relação ao jogo, distingue

> (...) no conjunto dos objetos lúdicos, os brinquedos dos jogos. Aquilo que é chamado de jogo (jogos de sociedade, de construção, de habilidade, jogos eletrônicos ou de vídeo) pressupõe a presença de uma função como determinante no interesse do objeto e anterior a seu uso legítimo.

O autor defende, ainda, que o jogo traz em si a existência de uma utilidade, uma serventia, nele contida antes mesmo de sua apropriação pelo jogador. O jogo, por conseguinte, serve a um alvo. Quanto ao brinquedo, Brougère (*ibidem*, p. 13) comenta que "(...) em contrapartida, não parece definido por uma função precisa: trata-se, antes de tudo, de um objeto que a criança manipula livremente, sem estar condicionado às regras ou a princípios de utilização de outra natureza".

Evans (1979, p. 13) destaca os elementos "interação", "regras" e "objetivos" como requisitos para o jogo:

> (...) é possível definir, de modo geral, o jogo identificando-se os componentes básicos que normalmente estão presentes. Define-se um jogo como qualquer competição (combinada) entre jogadores que interagem dentro de um jogo de limitações (regras) buscando alcançar um objetivo.

O autor aprofunda seu ponto de vista acerca do assunto ao defender que existem quatro componentes comuns ao jogo: 1) a definição do número de jogadores, ou seja, quem jogará; 2) a definição do local onde ocorrerá, isto é, onde jogarão; 3) as regras ou limitações mediante as quais os jogadores atuarão, ou seja, como eles jogarão; 4) os objetivos pretendidos, ou as metas que desejam alcançar.

Evans (*ibidem*, pp. 13-14) afirma que

> (...) primeiro deve haver vários jogadores ou participantes. Pode haver uma grande variação nos números, no grau em que eles podem agir igualmente ou dentro de limites diferentes, e em até que ponto eles têm que conhecer certas condições para jogar. Qualquer jogo tem que acontecer em algum lugar onde os jogadores interagem entre si. O terceiro componente normalmente são as regras ou limitações nas quais os jogadores têm que agir. Todas as contingências normais foram previstas e foram cobertas pelas regras. O quarto componente é a meta ou o objetivo que estão sendo buscados pelos jogadores.

Considerando as particularidades semânticas da língua portuguesa, pode-se depreender que "lúdico" é uma categoria geral de todas as atividades que têm características de jogo, brinquedo e brincadeira. O jogo pressupõe uma regra, o brinquedo é o objeto manipulável e a brincadeira nada mais é que o ato de brincar com o brinquedo ou mesmo com o jogo. Jogar também é brincar com o jogo. O jogo pode existir por meio do brinquedo, se os "brincantes" lhe impuserem regras. Percebe-se, pois, que jogo, brinquedo e brincadeira têm conceitos distintos, embora estejam imbricados, ao passo que o "lúdico" abarca todos eles. Observe, a seguir, uma visualização do exposto.

Desta forma, o conceito de jogo que formulo e adoto no âmbito deste livro é aquele caracterizado como uma atividade física ou mental, utilizando materiais concretos ou não, portanto com o uso de brinquedo ou não, ou, ainda, na forma de brincadeira, amparada por regras e imbuída de objetivos. É importante reiterar que este trabalho considera que o jogo, o brinquedo e a brincadeira cumprem de modo igual as funções aqui defendidas, tanto no plano pedagógico quanto no plano desenvolvimental, desde que essas sejam orientadas, coletivas, normatizadas e direcionadas a metas claras.

Guias para as seleções e avaliações dos jogos

Quanto aos teóricos

Para que o jogo infantil efetive-se como um recurso adjuvante ao processo educativo é impreterível que o professor promova uma justa adequação desse jogo às etapas evolutivas do grupo de crianças com o qual vai trabalhar, além da necessária avaliação. Portanto, há que exigir planejamento. O bom planejamento assegura que os procedimentos ocorrerão sob controle; evitará que você despenda energias imensas para encontrar o "melhor improviso" para remediar os imprevistos. A não ser que você tenha como lema o provérbio oriental que diz: "Se você não sabe aonde pretende chegar, qualquer caminho serve".

Considerando os estágios do desenvolvimento infantil com base em Piaget (1971) e Wallon (1981), pode-se afiançar que a realização de determinado jogo que requeira atributos que a criança ainda não galgou certamente gerará inadequação, e esse jogo dificilmente obterá o efeito pretendido. Chateau (1987) e Jacquin (1971) também propõem classificações para o jogo infantil de acordo com faixas etárias. Realizando, pois, uma justaposição entre as ideias de Piaget (1971) e as de Wallon (1981), somadas às indicações de Chateau (1987) e Jacquin (1971) – estes baseados no interesse infantil pelas diferentes modalidades de jogo no decorrer da idade –, propus um mapa para subsidiar a tarefa de selecionar, da forma mais precisa possível, os jogos, visando ao planejamento pedagógico do professor. O referido guia apresenta no topo horizontal a escala de idade em anos.

GUIA PARA AS SELEÇÕES DOS JOGOS INFANTIS NA PERSPECTIVA DOS TEÓRICOS

Idade →	0	1	2	3	4	5	6	7	8	9	10	11	12	13	14	15
Piaget	Jogos de exercícios				Jogos de regras			Jogos de operações mentais				Jogos de ideias abstratas	
	Sensório-motor				Operatório concreto									
	(Gênese do jogo)													
				Jogos simbólicos: Pré-operatório										
						Agrupamento de objetos								
Wallon	Jogos funcionais													
			Jogos de ficção											
				Jogos de aquisição									
							Jogos de fabricação								
Chateau					Jogos de imitação				Jogos cooperativos				Jogos competitivos
						Jogos coletivos descendentes	Jogos coletivos ascendentes				Jogos de evasão		
Jacquin	Jogos de construir													
					Jogos de regras arbitrárias	Jogos de valentia		Jogos cooperativos							

Quanto aos Referenciais Curriculares Nacionais para a Educação Infantil/MEC

As orientações didáticas apresentadas nos Referenciais Curriculares Nacionais para a Educação Infantil do Ministério da Educação (RCNEI) (Brasil 1998) apontam dois âmbitos de experiências e seus respectivos eixos a serem vivenciados nessa importante etapa da educação básica. Embora a proposta deste livro se estenda a toda a infância e, portanto, avance pelo ensino fundamental adiante, é importante tal destaque:

1. Formação pessoal e social
   Eixos: Identidade e autonomia.

2. Conhecimento de mundo

Eixos: Movimento, música, artes visuais, linguagem oral e escrita, natureza e sociedade, matemática.

Dessa forma, no contexto da educação formal, faz-se absolutamente necessário objetivar a meta a ser alcançada, quanto aos eixos propostos pelos RCNEI, e a potencialidade de cada jogo a ser selecionado. No cardápio de jogos apresentados neste livro, apontarei em cada proposta suas possibilidades relativas à proposição do Ministério da Educação.

Atente para o fato de que os Referenciais Curriculares classificam os objetivos nas faixas etárias até três anos e entre quatro e seis anos. Use o bom senso e também consulte o referido documento para a melhor adequação possível.

A fim de facilitar seus planejamentos, estejam eles relacionados às atividades desta oficina, ou aos outros tantos jogos com os quais você trabalha e pretende trabalhar, sugiro-lhe a organização visual abaixo, por meio da qual você vai inserir o nome do jogo na primeira coluna e assinalar com lápis os objetivos pretendidos, quanto aos âmbitos de experiências e seus relativos eixos. Após a realização da atividade, em um movimento avaliativo, você vai cobrir com caneta aqueles que visivelmente tenham sido atingidos e vai apagar aqueles que não tiverem tido sucesso, reorientando, assim, seus planejamentos futuros. Se você puder elaborar esse guia em formato eletrônico, tanto melhor: troque a borracha pela tecla *delete*. Repita o quantitativo de linhas que couber na sua página.

GUIA PARA AS SELEÇÕES DOS JOGOS INFANTIS NA PERSPECTIVA DOS REFERENCIAIS CURRICULARES PARA A EDUCAÇÃO INFANTIL/MEC

Jogo	Âmbito de experiência/eixos
	Formação pessoal e social identidade e autonomia ( ) **Conhecimento de mundo** movimento ( ), música ( ), artes visuais ( ), linguagem oral e escrita ( ), natureza e sociedade ( ), matemática ( )

2
O QUE ESTÁ EM JOGO QUANDO AS CRIANÇAS JOGAM

> *O conhecimento só emerge em sua dimensão vitalizadora quando tem algum tipo de ligação com o prazer.*
> Assmann (1998, p. 30)

Com o intuito de perceber o que está em jogo quando as crianças jogam, observei ao longo de um ano, à luz da fundamentação teórica apresentada, 111 crianças em uma escola pública no Distrito Federal em seus momentos lúdicos nas aulas e nos recreios. Conversei animadamente com 63, na faixa etária entre seis e nove anos, alunas dos primeiros quatro anos do ensino fundamental. Com base na organização desse oceano de informações, emergiram seis grupos de fenômenos intimamente inter-relacionados, os quais apresento adiante associados às suas respectivas dimensões. Veja que as fontes de texto com as quais identifiquei as dimensões servem igualmente para que percebamos onde elas se imbricam (e brincam, também), dando uma bela noção de uma dinâmica viva, ativa, pulsante e pujante:

FENÔMENOS E DIMENSÕES HUMANAS MOBILIZADOS PELO JOGO INFANTIL

	FENÔMENOS	DIMENSÕES
GRUPO 1	Conscientização, percepção, linguagem, abstração, conceituação, resolução de problemas, pensamento lógico, *criatividade*, *afetividade*, psicomotricidade	Cognição
GRUPO 2	Cooperação, autoexpressão, interação, integração, *afetividade*, **motivação**	Socialização
GRUPO 3	*Sensibilidade, estima, simpatia, empatia, alteridade*, socialização, cognição	*Afetividade*
GRUPO 4	**Interesse, alegria, entusiasmo,** *afetividade*, *criatividade*	**Motivação**
GRUPO 5	*Imaginação, curiosidade, invenção*, cognição	*Criatividade*
GRUPO 6	Corporeidade, movimento, cognição, *afetividade*	Psicomotricidade

Mais à frente, além de explicar minuciosamente cada uma dessas dimensões, sugiro dez atividades lúdicas para cada uma, de forma que seus potenciais possam ser explorados da forma mais completa e adequada possível. Cuidei para que o elenco de jogos, todos recorrentemente realizados por mim em cursos e oficinas para professores da educação infantil e anos iniciais do ensino fundamental, exigisse nada ou quase nada de recursos materiais. Além disso, apresento sugestões de jogos tradicionais da cultura brasileira que igualmente possibilitam este trabalho.

Peço especial atenção para que você recorra aos três quadros apresentados anteriormente:

- Guia para as seleções dos jogos infantis na perspectiva dos teóricos;
- Guia para as seleções dos jogos infantis na perspectiva dos Referenciais Curriculares para a Educação Infantil do Ministério da Educação;
- Fenômenos e dimensões humanas mobilizados pelo jogo infantil.

Deixo a você a tarefa de propiciar a adequação das atividades às faixas etárias de suas crianças, pensando nas aquisições cognitivas, psicomotoras e psicossociais anteriores necessárias à prática do jogo proposto.

Cognição

Em sua dimensão cognitiva, sobretudo como processos mentais superiores – funções envolvidas na leitura e na decodificação do contexto circundante –, os jogos infantis possibilitam o exercício da conscientização (percepção da inter-relação sujeito-ambiente), da resolução de problemas, da elaboração do pensamento lógico, da abstração, da linguagem, da percepção (processo de tomada de consciência de fatos e objetos concretos), da formação de conceitos, assim como dos processos criativos. Essa dimensão mantém vínculos estreitos com a criatividade, a afetividade e a psicomotricidade.

O jogo apresenta-se como um dispositivo facilitador para a criança perceber os conteúdos disciplinares. O uso desse recurso contido no jogo encontra em Gordon (1972, p. 31) a seguinte asserção:

> Qualquer assunto pode ser apresentado na forma de um problema para o qual o jogador tem que contribuir com uma solução. São convocadas muitas habilidades para uso no jogo. Uma vez alcançada a solução, o jogo completou-se, podem ser revisados os passos usados para alcançar aquele fim, isto é, podem ser analisados. A experiência melhora sua habilidade para conduzir um novo e diferente problema.

Atestando essa premissa, acompanhe este breve diálogo que tive com uma menina de oito anos na referida escola:

– Você gosta de vir à escola?
– Sim, adoro!
– Por quê?
– Porque aqui a gente brinca, mas também aprende!

Rosamilha (1979, p. 77), por sua vez, acrescenta que na categoria cognitiva incluem-se:

Conceitos e habilidades de operação que impliquem no uso de conceitos, a linguagem, oral e escrita. Alguns exemplos do uso desses conceitos e habilidades são: identificar, nomear, descrever, ordenar, construir, redigir, criticar, compreender, relacionar etc.

Justifica-se, pois, a função cognitiva do jogo como aliada ao trabalho com os conteúdos curriculares, quando se entende a aprendizagem como um trabalho predominantemente intelectual, uma vez que perpassa por outros condicionantes. É preciso destacar que os processos de ensino e aprendizagem se dão intermediados pela linguagem, que é um fenômeno associado ao domínio cognitivo. Por isso, os três aspectos – aprendizagem, linguagem e cognição – são familiares. O jogo, portanto, surge como a força motriz que os coloca em ação.

Referendando esse raciocínio, veja este diálogo que mantive com um rapazinho de sete anos:

– Por que você gosta de jogar?
– Porque eu aprendo a escrever e brinco ao mesmo tempo...

Huizinga (1971) faz um elo interessante entre jogo e linguagem, ao defender que o surgimento da segunda teve amparo no primeiro. Ele comenta que "as grandes atividades arquetípicas da sociedade humana são, desde o início, marcadas pelo jogo, como, por exemplo, no caso da linguagem, esse primeiro e supremo instrumento que o homem forjou a fim de poder comunicar, ensinar e comandar" (p. 7). Por dedução, a prática do jogo, na perspectiva da sala de aula do início da escolarização, impõe-se como um recurso extraordinário ao enriquecimento da linguagem infantil.

Na prática do jogo infantil, faz-se importante a valorização do aspecto cognitivo que está sendo trabalhado, mas é indispensável que o prazer e a alegria sejam os eixos da atividade. O aspecto cognitivo deve aliar-se efetivamente ao aspecto afetivo. E não há época melhor para disparar esse processo do que a infância. Para Snyders (1993, pp. 93-94),

(...) isso significa que o desejo de compreender e a alegria de conhecer se acham tão profundamente enraizados em nós quanto a necessidade de amar. (...) Para que esta reconciliação entre o afetivo e o intelectual tenha uma chance de se realizar, pelo menos em parte, ela deve ser iniciada bem cedo – e que a contribuição dos adultos, do conhecimento do adulto, desempenha aí um papel capital.

Coadunando-se também com essa ideia, reforço a afirmação de Assmann (1998, p. 30): "O conhecimento só emerge em sua dimensão vitalizadora quando tem algum tipo de ligação com o prazer". A desejada articulação entre cognição e afeição é um desafio importante e necessário à prática pedagógica dos anos iniciais, principalmente.

Dez jogos com a tônica no desenvolvimento cognitivo

Incluem-se aqui jogos de raciocínio lógico, seja linguístico e/ou matemático, jogos de desafios e de estratégia, jogos que instigam a criança a raciocinar e a racionalizar para solucionar o problema. Seguem dez ideias bem divertidas para trabalhar a dimensão cognitiva com as crianças:

1. ESTOU VENDO...

- Recursos materiais: Nenhum.
- Dimensão principal: Cognitiva.
- Dimensões adjuvantes: Criativa, cognitiva, motivadora.
- Nos Referenciais Curriculares Nacionais para a Educação Infantil/MEC:
  - Âmbito: Conhecimento de mundo.
  - Eixos: Linguagem oral (falar e escutar), movimento (expressividade).
- Procedimentos:
  - Você pode começar o jogo dizendo que vai escolher mentalmente um objeto que esteja ao alcance dos olhos de todos. Olhando somente para as crianças, para evitar encarar

o objeto escolhido, você vai desafiá-las a descobrir sua escolha dizendo a primeira letra do objeto. Cada criança, vasculhando o espaço com os olhos, dá um palpite. Quem acertar reinicia o jogo. Se ninguém acertar, acrescente uma pista, como a cor do objeto. E o jogo prossegue nessa dinâmica.

2. O JOGO DOS SETE ERROS

- Recursos materiais: Nenhum.
- Dimensão principal: Cognitiva.
- Dimensões adjuvantes: Criativa, motivadora, psicomotora.
- Nos Referenciais Curriculares Nacionais para a Educação Infantil/MEC:
  - Âmbito: Conhecimento de mundo.
  - Eixos: Linguagem oral (falar e escutar), matemática (números e sistema de numeração), movimento (expressividade).
- Procedimentos:
  - Solicite que uma criança se apresente como voluntária para começar o jogo. Peça a ela que observe com cuidado a maneira como os objetos e as pessoas estão posicionados. A criança vai ter um minuto para fazer essa observação. Solicite, então, que ela se retire por alguns instantes. Na ausência do coleguinha, peça às demais crianças que alterem a posição de sete coisas na sala, a fim de desafiar o poder de atenção do amiguinho que saiu. Feito isso, ele é chamado de volta e tem o mesmo tempo, ou seja, um minuto, para identificar as mudanças, contando-as junto com a turma. Para apimentar o jogo, você pode estipular o número tolerável de erros. Este jogo pode ser realizado também com times.

3. DE LETRA, A PALAVRA

- Recursos materiais: Caderno e lápis.
- Dimensão principal: Cognitiva.

- Dimensões adjuvantes: Criativa, motivadora, psicomotora.
- Nos Referenciais Curriculares Nacionais para a Educação Infantil/ MEC:
  - Âmbito: Conhecimento de mundo.
  - Eixos: Linguagem oral (falar e escutar) e escrita (prática de leitura e escrita).
- Procedimentos:
  - Peça que cada criança, uma a uma, diga uma letra e que todas, inclusive quem a pronunciou, a anotem. O primeiro desafio é que as letras não podem se repetir. Portanto, o jogo deve ser limitado a 26 crianças, número de letras do nosso alfabeto. Quando a última criança pronunciar sua letra, estabeleça um tempo para que todas busquem construir *a maior palavra possível* com as letras faladas, usando apenas uma vez cada uma delas. Finalizado o tempo, faça a apuração dos resultados e valorize a participação e o esforço de todas as crianças.

4. QUEM TEM BOA MEMÓRIA?

- Recursos materiais: Objetos diversos, tecido.
- Dimensão principal: Cognitiva.
- Dimensões adjuvantes: Criativa, motivadora, psicomotora.
- Nos Referenciais Curriculares Nacionais para a Educação Infantil/ MEC:
  - Âmbito: Conhecimento de mundo.
  - Eixos: Linguagem oral (falar e escutar), matemática (números e sistema de numeração).
- Procedimentos:
  - Reúna vários objetos diferentes e coloque-os espalhados sobre sua mesa. Peça às crianças que se aproximem e olhem para eles durante um tempo que você vai delimitar. Recomende-lhes que busquem memorizar os objetos. Esgotado o tempo, cubra a mesa com um tecido. Aqui você tem duas opções: pedir que cada criança, na sua vez, cite os objetos de que

se lembra, não valendo repetir os que já foram falados – enquanto a turma conta com ela em voz alta –, ou solicitar que cada uma diga a quantidade de objetos que julga haver debaixo do pano.

5. BINGO NUMÉRICO

- Recursos materiais: Papel, lápis de cor, papel-cartão para a confecção das cartelas.
- Dimensão principal: Cognitiva.
- Dimensões adjuvantes: Criativa, motivadora, psicomotora.
- Nos Referenciais Curriculares Nacionais para a Educação Infantil/ MEC:
  - Âmbito: Conhecimento de mundo.
  - Eixos: Matemática (números e sistema de numeração), linguagem oral (falar e escutar).
- Procedimentos:
  - Confeccione com as crianças cartelas semelhantes às cartelas do bingo tradicional. As "pedras" do jogo podem ser confeccionadas com retângulos de papéis numerados, que vão ficar virados sobre sua mesa. Você vai desvirando os papéis aleatoriamente e falando os números. Na mesma proporção em que se interessa por conhecer o número "cantado" pelo professor, a criança passa a prestar mais atenção na forma gráfica e no valor numérico apresentado na "pedra". O jogo pode se desdobrar se você escrever devagar o número chamado no quadro e convidar alguma criança para tentar reproduzi-lo ao lado.

6. O TRENZINHO

- Recursos materiais: Caderno e lápis.
- Dimensão principal: Cognitiva.
- Dimensões adjuvantes: Criativa, motivadora, psicomotora.

- Nos Referenciais Curriculares Nacionais para a Educação Infantil/MEC:
    - Âmbito: Conhecimento de mundo.
    - Eixos: Matemática (números e sistema de numeração), linguagem oral (falar e escutar), artes visuais.
- Procedimentos:
    - O objetivo da primeira fase do jogo é que as crianças aprendam a desenhar um trenzinho. Uma locomotiva e quatro vagões, por exemplo. Explique que a função da locomotiva é puxar o trem, e que todo o restante do trem tem origem na locomotiva. Dê um comando verbal envolvendo uma operação matemática com dois algarismos; por exemplo, 5 + 5. A resposta é 10. Então, cada criança vai escrever o resultado que encontrar dentro de sua locomotiva. A partir daí, cada vez que você apresentar uma nova operação, elas vão partir daquele resultado que já existe, fazer a operação e colocar o novo resultado nos vagões. Por exemplo, o comando poderia ser: "Esse resultado menos 3!". Elas vão colocar, então, o produto de sua operação no primeiro vagão. Você pode continuar: "Vezes 2!". E elas vão colocar o resultado encontrado no segundo vagão. E assim o jogo prossegue até chegar ao último vagão. Ao final, peça aplausos para todos!

7. PEGA-FICHA

- Recursos materiais: Fichas brancas (inscritas com o número 1 representando a unidade), amarelas (com o número 10 representando as dezenas), laranja (com o número 100 representando a centena) e vermelhas (com o número 1.000 representando o milhar), e dois dados.
- Dimensão principal: Cognitiva.
- Dimensões adjuvantes: Criativa, motivadora, psicomotora.
- Nos Referenciais Curriculares Nacionais para a Educação Infantil/MEC:

- Âmbito: Conhecimento de mundo.
- Eixos: Matemática (números e sistema de numeração), linguagem oral (falar e escutar).

- **Procedimentos:**
  - Este jogo objetiva utilizar o sistema decimal de contagens, reconhecer a praticidade da utilização de um sistema de contagem, compreender o significado de "agrupamento" e o valor relativo dos números. Cada criança, uma de cada vez, joga os dois dados, conta os números que saírem e apanha suas fichas conforme os pontos. Todas as vezes em que ela juntar dez fichas brancas, troca por uma ficha amarela; dez fichas amarelas, troca por uma ficha laranja; dez fichas laranjas, troca por uma ficha vermelha. Marca pontos quem primeiro apanhar a ficha vermelha, ou quem, ao final do jogo, somar o maior número de pontos conforme o valor das fichas.

8. O QUE MUDOU?

- **Recursos materiais:** Nenhum.
- **Dimensão principal:** Cognitiva.
- **Dimensões adjuvantes:** Socializadora, criativa, motivadora.
- **Nos Referenciais Curriculares Nacionais para a Educação Infantil/ MEC:**
  - Âmbito: Conhecimento de mundo.
  - Eixos: Linguagem oral (falar e escutar), matemática (números e sistema de numeração), movimento (expressividade).
- **Procedimentos:**
  - Reúna as crianças sentadas em círculo e proponha que se apresente uma voluntária que deve observar, durante um tempo determinado por você, quantos e quais acessórios cada coleguinha usa, como, por exemplo, brincos, pulseiras, óculos, tiaras, presilhas etc. Feito isso, você vai vendar os olhos dela enquanto as demais crianças alteram os acessórios, retirando-os ou mudando-os de lugar, ou, ainda, trocando-os

com outros colegas. Ao retirar a venda, a criança vai ter como desafio identificar o maior número possível de alterações, com a turma contando em voz alta.

9. BARALHO NUMÉRICO

- Recursos materiais: Cartões numerados de 1 a 50.
- Dimensão principal: Cognitiva.
- Dimensões adjuvantes: Criativa, motivadora, psicomotora.
- Nos Referenciais Curriculares Nacionais para a Educação Infantil/ MEC:
  - Âmbito: Conhecimento de mundo.
  - Eixos: Matemática (números e sistema de numeração), linguagem oral (falar e escutar).
- Procedimentos:
  - Separe 50 cartões, numerando-os de 1 a 50. Disponha as crianças sentadas em círculo. Coloque os cartões no centro virados para baixo e indique um participante para desviar um deles, afastando-o dos demais cartões. O coleguinha à sua direita vai desviar outro, dispondo-o ao lado do primeiro. O terceiro participante vai fazer o mesmo. Estabeleça com qual quantidade de cartões você deve interromper o jogo para que todos processem uma operação matemática com os valores mostrados nas cartas viradas – uma adição, por exemplo. A quantidade e o tipo de cartas para a operação vão depender do nível de conhecimento que as crianças detêm. A criança que primeiro pronunciar o resultado correto resgata os cartões para si. Aquela que anunciar a soma errada deve devolver um cartão ao centro da mesa, caso já o tenha adquirido. O jogo prossegue dando vez aos próximos três jogadores que estiverem na sequência do círculo. Ao acabar a pilha de cartas, ou quando todos os jogadores tiverem participado, os valores conquistados por cada um devem ser somados. Declare o vencedor e peça aplausos para a participação de todos.

10. ISTO É UM GATO

- Recursos materiais: Gato e cachorro de pelúcia. Caso não os consiga, use dois bichinhos de pelúcia, que representarão o gato e o cachorro.
- Dimensão principal: Cognitiva.
- Dimensões adjuvantes: Socializadora, afetiva, criativa, motivadora, psicomotora.
- Nos Referenciais Curriculares Nacionais para a Educação Infantil/ MEC:
  - Âmbitos: Formação pessoal e social; conhecimento de mundo.
  - Eixos: Identidade e autonomia; linguagem oral (falar e escutar), movimento (expressividade e coordenação).
- Procedimentos:
  - Disponha as crianças sentadas em círculo e explique-lhes que o jogo vai ocorrer em duas etapas. A primeira é esta: dado o sinal de início, você (que também vai fazer parte do círculo) mostra o gato (ou o bichinho que representará o gato) à criança à sua esquerda e diz: "Isto é um gato!". Ela deverá perguntar, olhando para você: "É o quê?". E você deve responder, olhando para ela: "Um gato!". Ao que ela vai concluir: "Ah, um gato!", e só então receber o bichano. Prosseguindo, essa criança vai apresentar o bichinho ao coleguinha à sua esquerda, dizendo: "Isto é um gato!". Este vai perguntar: "É o quê?". Ela, então, devolve a pergunta a você: "É o quê?". Você vai dizer: "Um gato!". E a criança vai repassar essa resposta àquela que perguntou: "Um gato!". A que perguntou vai concluir: "Ah, um gato!", e então vai apanhar o gato, prosseguindo o jogo e repassando o bichinho para a criança imediatamente à sua esquerda. A expressão "É o quê?" deve passar, portanto, de criança a criança, até chegar a você, que sempre vai responder: "Um gato!", até chegar àquela que está com o gato. Deixe completar um ou dois giros inteiros pelo círculo para o treinamento da atividade. Após isso, começa a segunda etapa. O gato vai

circular da esquerda para a direita, como ensaiado, e, ao mesmo tempo, o cachorro entra no jogo, da direita para a esquerda, obedecendo aos mesmos princípios, apenas sendo chamado, naturalmente, de cachorro. Você vai devolver as perguntas vindas tanto da esquerda como da direita. Gato e cachorro vão se encontrar por volta da metade do círculo e aí você vai ver que confusão arrumou! É interessante que, após pelo menos duas rodadas, você convide outra criança para recomeçar o jogo.

Jogos cognitivos tradicionais

Do universo dos jogos tradicionais podem ser apresentados quebra-cabeça, jogo da memória, tangram, jogo da velha, jogo da forca, adedonha, adoletá, pedra-papel-tesoura, escravos de Jó, palavras cruzadas, bingo, trava-línguas, jogos do tipo "o que é, o que é?", jogos de tabuleiro adequados ao público infantil etc.

Socialização

Em se tratando de desenvolvimento social, como processo de integração grupal do sujeito, partilhando hábitos, costumes, crenças e valores, possibilitando a construção de sua identidade pessoal e coletiva, as dezenas de aulas que observei, nas quais as crianças jogavam, confirmaram o objetivo socializador pretendido pelos professores para a introdução do jogo nas suas práticas. Essa dimensão dialoga intimamente com a afetividade e a motivação.

Todavia, é preciso que se diga que qualquer jogo que tenha em seus princípios os relacionamentos entre indivíduos e/ou grupos traz em seu bojo o fator "socialização". O brincar é a base das teias sociais. Os processos de socialização humana guardam fortes semelhanças entre os jogos praticados pelos animais. Os jogos possibilitam aos mais jovens a aprendizagem das regras sociais com riscos controlados.

Conversando com as crianças, elas me apontaram que tinham na atividade lúdica coletiva sua preferência pela modalidade de entretenimento. E, talvez por razões culturais, dos 28 meninos ouvidos, 13 disseram ter entre suas diversões o futebol em primeiro lugar – jogo naturalmente coletivo, que envolve interação, integração e cooperação no âmbito da equipe, portanto de característica inegavelmente socializadora.

Das 35 meninas, 26 afirmaram não abrir mão de brincar com bonecas. Entretanto, a boneca é classificada aqui como brinquedo e não como jogo, por ser livre de regras e de metas, ainda que se deva destacar seu potencial socializador quando a brincadeira acontece em grupo, que normalmente é o modo como esse entretenimento ocorre. As preferências das meninas entrevistadas por brincar de "casinha" e de "escolinha" – com cinco e três respostas, respectivamente – ficaram, como se vê, muito atrás da predileção por brincar de bonecas. Classifico "casinha" e "escolinha" como jogos porque são atividades lúdicas amparadas por regras. O princípio da organização do lar em miniatura do brincar de "casinha" é a disposição de cada coisa nos devidos lugares apontados pelo senso comum, realizando as ações características daquele espaço; já a "escolinha", como típico jogo de desempenho de papéis, submete cada participante ao cumprimento da função que lhe atribuíram antes do início da brincadeira. Assim como o futebol socializa os agrupamentos de meninos que integram o jogo, a boneca e a casinha fazem o mesmo com as meninas.

É importante sublinhar que, na sua vivência extraescolar, a criança tem a concepção de um mundo onde tudo é lúdico, porque as ações que ela pratica interativamente com outra criança são temperadas pelo entretenimento. Daí, pois, com essa leitura de mundo fincada em alicerces fortes, ela chega à idade escolar e lhe é apresentada uma sala de aula que, apesar de preenchida por sujeitos iguais – o que inicialmente pode semear as mais otimistas expectativas no recôndito dos seus desejos –, está preparada para lhe ensinar uma áspera lição: aprender a ler, a escrever e a contar é coisa séria, é trabalho duro; para brincar, vão estar reservados somente 15 minutos de recreio.

Ainda na questão da socialização, as crianças, reunindo-se os dois gêneros, revelaram a preferência por gostar de brincar organizadamente. Entre as maiores ocorrências de respostas ao item "O que menos gostam na aula?", surgiram "bagunça" e "brigas", empatadas com 11 referências, o que me leva a inferir que, para existir ordem, deve haver regras. Havendo regras, passa a ser jogo. O jogo socializa. Todavia, para que seu encanto perdure até o final, é preciso normatização.

É fundamental, pois, destacar a necessidade da presença do professor exercendo seu papel de condutor das atividades lúdicas que visem aos efeitos pedagógicos. Para Chateau (1987, p. 130), "o professor deve, portanto, ser o modelo, o conselheiro, o amigo mais velho, através de quem a criança encontre seu caminho". Outra forte razão para que o jogo em sala de aula tenha o acompanhamento e mesmo a participação do professor reside no cuidado com a ingerência de comportamentos insólitos, que poderão ser assimilados. Acerca dessa preocupação, Miranda (1990, p. 154) alerta para o fato de que o jogo livre "pode ser estímulo e incentivo para a aquisição de hábitos, gestos e atitudes eivados de características reprováveis. Organizado e dirigido, é fonte de virtudes e qualidades morais".

Por meio da interação social, a criança galga os patamares necessários à construção de sua identidade e de sua personalidade. Sabemos que a ausência de uma relação interativa significativa no seio familiar provoca graves rupturas ou impõe barreiras nesse processo, levando prejuízos ao desenvolvimento e à ação educativa pela carência de relações facilitadoras com seus iguais na sala de aula e na escola. Winnicott (1971, p. 163) reforça que "o jogo fornece uma organização para a iniciação de relações emocionais e assim propicia o desenvolvimento de contatos sociais". Isto é, para produzir os efeitos pretendidos, deve haver intercâmbio de ações. É na troca, portanto, que a criança reconhecerá seu lugar e o lugar dos outros no grupo. Afinal, os indivíduos se constroem e ajudam na construção do outro nas relações sociais. Realizado individualmente, o jogo terá ressaltado apenas o seu valor recreativo. O jogo coletivo conduz efetivamente a criança à autoexpressão e à socialização.

Com o jogo desenvolve-se na criança a habilidade na utilização de regras para atingir uma meta; o respeito pelo que é combinado; a convivência educada com quem lhe é oposição; a esperança de mudanças, já que os vitoriosos se alternam: um dia um vence, no outro dia é outro; a sensação de sentir-se pertencente ao grupo; o espírito de coletividade; a atitude de se reunir em torno de uma meta, sabendo que o esforço de um vai reverter em benefício para todos.

Visto assim, o jogo se apresenta como um laboratório da vida em grupo, que naturalmente precisa ser aprendida. O processo educativo oferecido pela escola é realizado em agrupamentos sociais, requerendo, portanto, antes mesmo da abordagem dos aspectos pedagógicos do referido processo, o reconhecimento pela criança dessa nova realidade repleta de valores, crenças, regras, metas etc.

Outra vez, retornando a Gordon (1972, p. 31), lembramos seu comentário acerca dos benefícios sociais decorridos do uso dos jogos como um dispositivo pedagógico:

> (...) as regras de um jogo podem facilitar o cultivo de respeito com as regras da sala de aula, da escola e da sociedade. Os jogos provêem aos estudantes oportunidades para enfatizar papéis e posições que eles conhecem pouco ou talvez vejam com hostilidade. Deste modo, os jogos ajudam o estudante a entender outros pontos de vistas e atitudes.

Piaget (1971) demonstrou que as atividades lúdicas sensibilizam, socializam e conscientizam. Não poderiam, igualmente, predispor aqueles nelas envolvidos a uma participação mais efetiva em todas as etapas da aprendizagem escolar?

Dez jogos com a tônica no desenvolvimento social

Incluem-se aqui jogos interativos, cooperativos ou competitivos, desde aqueles com características integradoras até aqueles voltados ao desenvolvimento de aspectos específicos das relações humanas. Eis dez ideias bem legais para trabalhar com os pequenos:

1. DOIS EM UM

- Recursos materiais: Barbantes.
- Dimensão principal: Socializadora.
- Dimensões adjuvantes: Afetiva, motivadora, criativa, psicomotora.
- Nos Referenciais Curriculares Nacionais para a Educação Infantil/MEC:
  - Âmbitos: Formação pessoal e social; conhecimento de mundo.
  - Eixos: Identidade pessoal e social; movimento (expressividade, equilíbrio e coordenação).
- Procedimentos:
  - Reserve um local amplo e peça às crianças que formem pares e que fiquem de pé, uma de costas para a outra. Amarre as duplas pelas cinturas com tiras de tecido ou barbantes. Explique-lhes que, ao seu sinal, elas devem ir do local em que estiverem até outro local determinado por você, e que para tanto têm de passar por diversos obstáculos (que você já terá preparado). Algumas dicas são: dar a volta entre carteiras, atravessar portas, passar por debaixo de mesas etc. Se você quiser dar um tom competitivo à atividade, estabeleça que a primeira dupla que alcançar o ponto de chegada vai ser vitoriosa. O que vale aqui é a interação, bem como a negociação necessária entre os membros de cada dupla para poder cumprir a meta.

2. OLÁ, MUITO PRAZER...

- Recursos materiais: Nenhum.
- Dimensão principal: Socializadora.
- Dimensões adjuvantes: Cognitiva, afetiva, motivadora, criativa, psicomotora.
- Nos Referenciais Curriculares Nacionais para a Educação Infantil/MEC:
  - Âmbitos: Formação pessoal e social; conhecimento de mundo.

- Eixos: Identidade e autonomia; movimento (expressividade, equilíbrio e coordenação).
• Procedimentos:
    - Disponha as crianças sentadas no chão em círculo e integre-se também. Comece o jogo dizendo:
        – Eu me chamo... e cumprimento vocês deste jeito...
    - Faça então um gesto qualquer, como, por exemplo, piscar um olho. Instrua ao grupo para que tente memorizar o sinal de cada coleguinha. A criança à sua direita deve repetir a frase e incluir um gesto diferente. O jogo segue até que a última criança tenha se apresentado. Nesse momento você recomeça o jogo, assim:
        – Eu me chamo... e cumprimento vocês deste jeito (fazendo seu sinal), e cumprimento Júlia, que cumprimenta assim (fazendo o gesto que Júlia executou).
    - Júlia, então, diz a frase e seu cumprimento, cumprimentando o próximo coleguinha e fazendo seu gesto. O jogo prossegue nessa dinâmica até o final.

3. QUEM SAIU?

• Recursos materiais: Vendas.
• Dimensão principal: Socializadora.
• Dimensões adjuvantes: Cognitiva, motivadora, psicomotora.
• Nos Referenciais Curriculares Nacionais para a Educação Infantil/MEC:
    - Âmbito: Formação pessoal e social.
    - Eixos: Identidade e autonomia.
• Procedimentos:
    - Coloque a turma em círculo, todos de pé. Peça que se entreolhem cuidadosamente, tentando memorizar a totalidade dos presentes. Explique-lhes que vai vendar seus olhos e, em seguida, fazer um deles sair da sala para o restante descobrir quem foi que se ausentou. Silenciosamente, retire

uma criança da sala. Peça, então, para tirarem as vendas e responderem qual foi o colega que saiu. Se não souberem o nome, podem descrevê-lo. Estabeleça que cada criança vai ter direito a três palpites.

4. O ESPELHO

- Recursos materiais: Dois bonés.
- Dimensão principal: Socializadora.
- Dimensões adjuvantes: Criativa, cognitiva, motivadora, psicomotora.
- Nos Referenciais Curriculares Nacionais para a Educação Infantil/ MEC:
    - Âmbitos: Formação pessoal e social; conhecimento de mundo.
    - Eixos: Identidade e autonomia; movimento (expressividade, equilíbrio e coordenação).
- Procedimentos:
    - Coloque duas cadeiras, uma diante da outra, e convide duas crianças para ocupá-las. Coloque um boné na cabeça de cada uma delas. Diga-lhes que uma vai ser o "espelho" e a outra vai ser a "pessoa". A escolhida para ser o espelho deve repetir tudo o que a escolhida para ser a pessoa fizer. A "pessoa", e não o "espelho", pode fazer o que quiser, mas sem sair do lugar. Pode ficar de pé, levantar braços, pernas, fazer caretas, tirar e colocar o boné etc. O "espelho" deve imitá-la. Dê início à brincadeira e depois de um tempo reveze os jogadores. Então chame outra dupla. Você pode dificultar, variando o jogo. Desafie o "espelho" a fazer exatamente o contrário do que a "pessoa" fizer. Por exemplo: quando a "pessoa" colocar o boné, o "espelho" tira o seu; quando a "pessoa" se sentar, o "espelho" se levanta, e assim por diante.

5. BALÕES JUNTOS

- Recursos materiais: Balões, música.
- Dimensão principal: Socializadora.
- Dimensões adjuvantes: Afetiva, criativa, cognitiva, motivadora, psicomotora.
- Nos Referenciais Curriculares Nacionais para a Educação Infantil/MEC:
    - Âmbitos: Formação pessoal e social; conhecimento de mundo.
    - Eixos: Identidade e autonomia, movimento (expressividade, equilíbrio e coordenação), linguagem oral (falar e escutar).
- Procedimentos:
    - Providencie balões, também conhecidos como "bexigas", de diversas cores, em quantidade igual ao número de crianças participantes, e espalhe-os em um espaço amplo. Peça que cada uma pegue um balão e comece a se movimentar, trocando os balões com os coleguinhas à vontade. Cada vez que você der uma pausa na música, as crianças com os balões de mesma cor devem se agrupar. Cada agrupamento deve, então, cumprir alguns comandos seus, como, por exemplo: "Conversem sobre seus brinquedos prediletos", "Falem sobre suas famílias", "Digam quais são seus animais favoritos e por quê", "Contem o que fazem nos fins de semana" etc. Você vai deixar a música em pausa pelo tempo que julgar suficiente para que as crianças cumpram com o solicitado, soltando-a em seguida.

6. AS PROFISSÕES DOS NOSSOS PAIS

- Recursos materiais: Nenhum
- Dimensão principal: Socializadora.
- Dimensões adjuvantes: Criativa, cognitiva, motivadora, psicomotora.
- Nos Referenciais Curriculares Nacionais para a Educação Infantil/MEC:

- Âmbitos: Formação pessoal e social; conhecimento de mundo.
- Eixos: Identidade e autonomia; movimento (expressividade, equilíbrio e coordenação), linguagem oral (falar e escutar), natureza e sociedade (organização dos grupos e seu modo de ser, viver e trabalhar).

- Procedimentos:
  - Com as crianças em círculo, solicite que se apresente uma voluntária para dar início ao jogo dizendo:
    – Meu pai (ou minha mãe) é... (a profissão) e faz assim (mímica que possa representar a sua profissão)!
  - O coleguinha ao seu lado deve traduzir em palavras o que ela tiver representado por mímica e em seguida fazer ele mesmo sua fala. Assim:
    – O pai do Felipe é motorista e faz assim (mímica de dirigir)! Minha mãe é secretária e faz assim (mímica de digitar no computador, por exemplo)!
  - O jogo segue nessa dinâmica até que todos tenham participado ou até que se decline o interesse.

7. QUERO CONHECÊ-LO MELHOR

- Recursos materiais: Nenhum.
- Dimensão principal: Socializadora.
- Dimensões adjuvantes: Cognitiva, afetiva, criativa, motivadora, psicomotora.
- Nos Referenciais Curriculares Nacionais para a Educação Infantil/MEC:
  - Âmbitos: Formação pessoal e social; conhecimento de mundo.
  - Eixos: Identidade e autonomia; movimento (expressividade, equilíbrio e coordenação), linguagem oral (falar e escutar).
- Procedimentos:
  - Com as crianças em círculo, convide uma para dar início à atividade, dizendo seu nome e como prefere ser chamada.

Seu colega ao lado deve repetir o que ela disse e em seguida se apresentar, isto é, dizer seu nome e como prefere ser chamado. O jogo prossegue nessa dinâmica até que todos tenham se apresentado. Há uma variável que pode ser bem legal: inverta a ordem do círculo e peça que digam uma qualidade que julgam possuir, seguindo o mesmo princípio da etapa anterior. Pode ser também algo que lhes agrade, algo que lhes desagrade, um brinquedo predileto etc. A qualquer momento você pode suspender o jogo se perceber que o interesse está decaindo.

8. A MAIS BELA CONSTELAÇÃO

- Recursos materiais: Estrelas recortadas em diversas cores, fita adesiva, música.
- Dimensão principal: Socializadora.
- Dimensões adjuvantes: Cognitiva, criativa, motivadora.
- Nos Referenciais Curriculares Nacionais para a Educação Infantil/ MEC:
  - Âmbitos: Formação pessoal e social; conhecimento de mundo.
  - Eixos: Identidade e autonomia; movimento (expressividade, equilíbrio e coordenação), linguagem oral (falar e escutar), linguagem escrita (prática de leitura e escrita).
- Procedimentos:
  - Espalhe as estrelas pelo chão, coloque a música e peça às crianças que caminhem entre elas por alguns instantes, apanhem uma e parem de andar. Oriente-as a se juntarem aos colegas que têm as estrelas da mesma cor que a sua e a se sentarem. Solicite-lhes que escrevam na sua estrela algo de que gostam muito, coloquem cada qual seu nome na sua estrela e mostrem para o seu grupo, comentando. Peça, então, que os subgrupos se desfaçam e que, com fita adesiva, afixem suas estrelas na parede, voltando em seguida a seus lugares. Feito isso, mande que se dirijam novamente à

parede e apanhem uma estrela, exceto a sua, retornando a sua posição. Peça agora para que leiam em voz alta o conteúdo e o nome do coleguinha que está na estrela.

9. DIFERENTES, MAS SEMELHANTES

- Recursos materiais: Música.
- Dimensão principal: Socializadora.
- Dimensões adjuvantes: Cognitiva, criativa, motivadora, psicomotora.
- Nos Referenciais Curriculares Nacionais para a Educação Infantil/ MEC:
  - Âmbitos: Formação pessoal e social; conhecimento de mundo.
  - Eixos: Identidade e autonomia; movimento (expressividade, equilíbrio e coordenação), linguagem oral (falar e escutar).
- Procedimentos:
  - Coloque a música e peça que as crianças caminhem pela sala. Quando você bater palmas, elas devem formar agrupamentos de acordo com seus comandos (sugeridos abaixo), fazendo perguntas aos colegas para encontrar seus semelhantes. O exercício termina até que todos tenham formado o maior número de duplas diferentes.
  - Sugestões de comandos: "Juntem-se com quem tem altura parecida com a sua"; "Juntem-se com quem está usando camisa parecida com a sua"; "Juntem-se com quem tem cabelos parecidos com os seus"; "Juntem-se com quem mora mais perto da sua casa"; "Juntem-se com quem gosta do mesmo esporte que você gosta" etc.

10. O MÓBILE

- Recursos materiais: Um cabide de roupas (ou pedaço de madeira), barbante, fita adesiva, papel-cartão, lápis de cor ou giz de cera, tesoura e cola. Música.

- Dimensão principal: Socializadora.
- Dimensões adjuvantes: Cognitiva, criativa, motivadora.
- Nos Referenciais Curriculares Nacionais para a Educação Infantil/ MEC:
  - Âmbitos: Formação pessoal e social; conhecimento de mundo.
  - Eixos: Identidade e autonomia; movimento (expressividade, equilíbrio e coordenação), linguagem oral (falar e escutar), linguagem escrita (prática de leitura e escrita), artes visuais.
- Procedimentos:
  - Oriente o grupo na confecção de um móbile, utilizando o material listado anteriormente. A criança vai desenhar, colorir, recortar cada letra do seu nome em retângulos de papel-cartão e pendurar no cabide ou na vareta. Realizada essa fase, com base em cada letra do nome, ela vai criar e desenhar uma palavra em uma tira de papel-cartão, que represente uma qualidade que julgue possuir ou algo que admire em si mesma. Esse retângulo de papel deve ser pendurado na letra correspondente. Feito isso, organize uma bela exposição de móbiles. Cada criança apresenta a sua produção, dizendo seu nome, idade e comentando o trabalho, se possível. Deixe os móbiles decorando o espaço.

Jogos socializadores tradicionais

Do universo de nossa cultura podemos praticar o "telefone sem fio", a "estátua", o "corre, cutia", o "esconde-esconde", a "boca de forno", a "dança das cadeiras", o "jogo da verdade", o "passa anel" etc.

Afetividade

Dentre as necessidades que precisamos suprir para a garantia da sobrevivência e da convivência humana está a de afeto. Assim, em se tratando da afetividade como um dos processos basilares do desenvolvimento humano, sublinho a importância de sua articulação com a cognição. Como já indiquei, todas as categorias aqui observadas devem ser vistas, trabalhadas e imbricadas. Todavia, e aqui reside a importância da advertência, é a afetividade que mais notadamente se conecta ao plano cognitivo, principalmente por abrir os veios da sensibilidade por onde poderão se conduzir com fluidez os aspectos intelectuais. Ao mesmo tempo, a relação entre professores e crianças é isto: um misto de afeição e trabalho intelectual. Snyders (1993, p. 91) é quem destaca que "reciprocamente, o afetivo dá acesso ao intelectual. O sentimento-paixão torna-se compreensão e, portanto, saber". Representativa dos fenômenos da sensibilidade – estima, simpatia, empatia e alteridade –, essa dimensão também dialoga de forma íntima com a socialização.

O gozo de convivência proporcionado pelo jogo provoca relações afetivas positivas. O jogo é importante para o desenvolvimento emocional da criança, pois possibilita a expressão de ideias e sentimentos que de outro jeito não se externariam. Favorecer a aprendizagem é prover o processo educativo de mecanismos para que ela se conduza a contento, daí a minha defesa de uma atenção especial ao aspecto afetivo contido no jogo.

Ouvindo as crianças, não é preciso muito esforço para reconhecer que, se a afetividade tivesse face, esta seria pueril. Suas representações de alegria/felicidade traduzem-se em brincar, ter paz, amor, diversão, amizades, família e em estar junto com os pais. Foram essas as maiores ocorrências nesse quesito, sendo que a representação "brincar" marcou 19% de referências e as demais estabeleceram 17,4%. Acredito ser esta uma garantia de que o valor pedagógico da afeição contida no jogo pode tornar-se uma predisposição à aprendizagem, no sentido de que as crianças se apresentarão mais sensíveis ao processo educativo.

Em se tratando de crianças, destituí-las do gozo da afeição em qualquer ambiente e em qualquer momento de suas vidas – e aí está incluída a escola – é não aquilatar o tamanho do dano que isso pode causar para sua organização psicossocial. O cuidado com o afeto relacionado às crianças socioculturalmente carentes – principalmente a elas – é uma garantia mínima diante dos prejuízos que já possuem em sua formação. Há que destacar, ainda, a ação da dimensão afetiva sobre a motivadora e, igualmente, sobre a socializadora, reforçando a ideia de encadeamento dos fenômenos categorizados para esta análise.

Para passar adiante, busquei uma fala oportuna e feliz de Chateau (1987, p. 124), em que ele cochicha aos ouvidos atentos: "O jogo educa mesmo os sentimentos". E aí podemos falar, inclusive, do perder e do ganhar. A criança que perdeu e a criança que ganhou podem ser convidadas a se abraçar. É muito mais fácil começar tal prática quando a criança ainda é pequena e pode facilmente compreender que o colega vencedor não é superior porque ganhou naquele momento no jogo, pois num outro momento ela poderá ganhar dele. As crianças têm que saber que estão brincando para se divertir, e que o ganhar e o perder são consequências do jogo que num outro dia poderão se reverter.

Dessa forma, um importante critério para a elaboração e a seleção de jogos para as aulas dos anos iniciais de escolarização, a ser ladeado dos demais, deveria ser a presença ativa do domínio afetivo, que naturalmente também possui ligação orgânica com o processo de socialização. Quero dizer, com essa afirmação, que se o professor, no jogo, tem a explícita preocupação socializadora, ele poderá obter ganhos por meio do investimento no caráter afetivo do lúdico que conduz na sua prática pedagógica cotidiana.

Aquele que defende que o espaço escolar, físico e temporal, precisa ser um lócus de deleite à criança, e que sabe dos riscos de produzir obstáculos futuros contidos nas experiências primeiras, não vai objetar ao plantio da ternura no privilegiado e fértil terreno pedagógico.

Dez jogos com a tônica no desenvolvimento afetivo

Incluem-se aqui jogos de características sensibilizadoras, possibilitadores de expressão de sentimentos e emoções, de acolhimento, de oferta de carinho e amorosidade, de escuta sensível, de corporeidade. Eis dez ideias superdivertidas para envolver as crianças nas teias da afetividade, já que a infância é uma idade naturalmente afetiva:

1. OS ANJOS

- Recursos materiais: Pedaços de papéis.
- Dimensão principal: Afetiva.
- Dimensões adjuvantes: Socializadora, motivadora, criativa.
- Nos Referenciais Curriculares Nacionais para a Educação Infantil/MEC:
  - Âmbitos: Formação pessoal e social; conhecimento de mundo.
  - Eixos: Identidade e autonomia; linguagem oral (falar e escutar).
- Procedimentos:
  - Distribua um retângulo de papel para cada criança. Peça-lhes que escrevam nele seus nomes, dobrando-os na sequência. Em seguida, recolha os papéis, coloque-os num recipiente qualquer, misture-os bem e solicite que cada participante retire um nome, que não pode ser o dele próprio (caso isso aconteça, a criança deve devolver o papel ao recipiente e retirar outro). Explique-lhes que cada um vai retirar o nome de um coleguinha e assumir o papel de seu "anjo protetor". Dessa forma, durante o tempo que você estabelecer, o anjo deve depositar frequentemente em uma caixa bem decorada, que você vai providenciar, cartas, mensagens, agrados, palavras de conforto, de aconchego, bilhetes destinados ao seu "protegido", assinando-os com um pseudônimo. Portanto, cada anjo deve fazer um grande esforço para não ser descoberto até o dia da grande revelação determinado por você. A caixa decorada deve ficar sempre no mesmo lugar e a cada dia, ou sempre que quiserem, cada um pode visitá-la, conferindo se há algo para si e/ou depositando algo para seu protegido.
  - No dia da revelação, à semelhança da brincadeira do "amigo oculto", solicite que um voluntário fique de pé, revele seu pseudônimo angelical e diga o nome do coleguinha seu protegido, que vai levantar e receber um abraço de seu anjo. O coleguinha, então, vai fazer sua vez de anjo, dando continuidade à atividade.

2. O GATINHO

- Recursos materiais: Nenhum.
- Dimensão principal: Afetiva.
- Dimensões adjuvantes: Cognitiva, motivadora.
- Nos Referenciais Curriculares Nacionais para a Educação Infantil/MEC:
    - Âmbitos: Formação pessoal e social; conhecimento de mundo.
    - Eixos: Identidade e autonomia; linguagem oral (falar e escutar).
- Procedimentos:
    - Organize as crianças sentadas em círculo e solicite que se apresente uma voluntária para representar o gatinho. A regra é simples: a criança voluntária escolhe um coleguinha, fica posicionada ao lado dele e imita um gatinho manhoso, fazendo três "miaus" do jeito mais criativo que puder, tentando fazê-lo rir. Para passar no teste, o coleguinha deve responder a cada "miau" com a frase: "Olá, gatinho lindo!", fazendo carinho na sua cabeça, sem dar risada. Caso o coleguinha ria, ele deve ser o próximo "gatinho"; caso não ria, o "gatinho" escolhe outro colega e novamente mia três vezes na tentativa de fazê-lo dar risada de seus miados divertidos.

3. CUMPRIMENTOS DIVERTIDOS – 1

- Recursos materiais: Nenhum.
- Dimensão principal: Afetiva.
- Dimensões adjuvantes: Cognitiva, socializadora, motivadora, psicomotora.
- Nos Referenciais Curriculares Nacionais para a Educação Infantil/MEC:
    - Âmbitos: Formação pessoal e social; conhecimento de mundo.
    - Eixos: Identidade e autonomia; movimento (expressividade), linguagem oral (falar e escutar).

- Procedimentos:
  - Organize o grupo em pares, com as crianças frente a frente, dispostas em dois círculos concêntricos. Estabeleça com elas os seguintes comandos:
    - Ao dizer o número 1, os cumprimentos serão feitos na forma de abraço forte.
    - Ao dizer o número 2, os cumprimentos serão feitos por meio de apertos de mãos.
    - Ao dizer o número 3, os cumprimentos serão feitos batendo a palma da mão contra a palma da mão da outra.
    - Ao dizer o número 4, os cumprimentos serão feitos curvando o tórax para frente.
    - Ao dizer o número 5, os cumprimentos serão feitos com o polegar em forma de sinal de positivo.
  - Você pode aumentar essa lista. O jogo começa com o círculo interno girando lentamente para a esquerda e o externo para a direita. Ao dizer um dos números, o círculo para e os cumprimentos a quem estiver à sua frente serão efetuados conforme o combinado.

4. O BICHINHO DE PELÚCIA

- Recursos materiais: Um bichinho de pelúcia.
- Dimensão principal: Afetiva.
- Dimensões adjuvantes: Cognitiva, socializadora, motivadora, criativa, psicomotora.
- Nos Referenciais Curriculares Nacionais para a Educação Infantil/ MEC:
  - Âmbitos: Formação pessoal e social; conhecimento de mundo.
  - Eixos: Identidade e autonomia; movimento (expressividade, equilíbrio e coordenação), linguagem oral (falar e escutar).

- Procedimentos:
    - Organize as crianças em círculo. Apanhe o bichinho de pelúcia e explique-lhes que ele vai passar de mão em mão. Na primeira passagem, cada um vai executar uma ação de cuidado e de carinho para com o bichinho, sem usar a fala nem emitir qualquer som. Na segunda passagem, todos devem repetir o movimento anterior, agora incluindo um som ou uma fala que se relacione a esse gesto. Na terceira etapa, cada um deve repetir o movimento e o som, só que agora utilizando o colega à sua direita como boneco.

5. O CRUZEIRO

- Recursos materiais: Som de oceano (se possível).
- Dimensão principal: Afetiva.
- Dimensões adjuvantes: Socializadora, motivadora, psicomotora.
- Nos Referenciais Curriculares Nacionais para a Educação Infantil/ MEC:
    - Âmbitos: Formação pessoal e social; conhecimento de mundo.
    - Eixos: Identidade e autonomia; movimento (expressividade, equilíbrio e coordenação), natureza e sociedade (os fenômenos da natureza).
- Procedimentos:
    - Trace no chão a silhueta de um navio, de um tamanho suficiente para acolher todo o grupo, mas de forma que fiquem todos apertados. Peça às crianças que embarquem, permaneçam de pé e se movimentem de acordo com seus comandos. Informe-as de que podem se apoiar umas nas outras ou se abraçar. Ligue os efeitos sonoros e vá dizendo:
        – Estamos zarpando... O mar está tranquilo... Agora uma tempestade se aproxima... As marés estão se agitando... O navio está sacolejando muito... Para frente... Para trás... Para o lado esquerdo... Para o lado direito... Agora vem uma tempestade... Protejam-se... Foi embora... O

mar está novamente calmo... Olhem que ilha linda à frente... É lá que vamos descer... Chegamos... Todo mundo descendo... Devagar...

6. CUMPRIMENTOS DIVERTIDOS – 2

- Recursos materiais: Retângulos de papel.
- Dimensão principal: Afetiva.
- Dimensões adjuvantes: Cognitiva, socializadora, motivadora, psicomotora.
- Nos Referenciais Curriculares Nacionais para a Educação Infantil/MEC:
  - Âmbitos: Formação pessoal e social; conhecimento de mundo.
  - Eixos: Identidade e autonomia; movimento (expressividade), linguagem oral (falar e escutar).
- Procedimentos:
  - Cole com fita crepe nas costas das crianças, sem que elas leiam, retângulos com instruções carinhosas, como, por exemplo: "Abrace-me", "Aperte minha mão", "Sorria para mim", "Pisque um olho para mim". Inclua dois ou três comandos no mesmo retângulo. Por exemplo: "Abrace-me e sorria para mim"; "Aperte minha mão, abrace-me e pisque um olho para mim". Feito isso, peça-lhes que se movimentem pela sala. A cada retângulo nas costas de um coleguinha que a criança ler, ela deve executar a instrução carinhosa determinada.

7. CONHEÇO-O ATÉ DE OLHOS FECHADOS

- Recursos materiais: Vendas.
- Dimensão principal: Afetiva.
- Dimensões adjuvantes: Cognitiva, socializadora, motivadora, psicomotora.
- Nos Referenciais Curriculares Nacionais para a Educação Infantil/MEC:

- Âmbitos: Formação pessoal e social; conhecimento de mundo.
- Eixos: Identidade e autonomia; movimento (expressividade).
- Procedimentos:
  - Organize as crianças de pé, em círculo. Solicite que se apresente uma voluntária, que deve ficar no centro, de olhos vendados. Faça com que ela gire sobre seu eixo duas ou três vezes, em seguida procure um colega e tente descobrir quem é ele utilizando apenas as mãos. Quem for descoberto passa a ocupar o centro do círculo, colocando a venda e dando continuidade ao jogo.

8. ABRAÇOS COLETIVOS

- Recursos materiais: Nenhum.
- Dimensão principal: Afetiva.
- Dimensões adjuvantes: Cognitiva, motivadora, psicomotora.
- Nos Referenciais Curriculares Nacionais para a Educação Infantil/ MEC:
  - Âmbitos: Formação pessoal e social; conhecimento de mundo.
  - Eixos: Identidade e autonomia; movimento (expressividade).
- Procedimentos:
  - Coloque uma música animada e peça às crianças que se movimentem e se abracem sempre que a música parar e de acordo com seus comandos: "Em duplas!", "Em três!", "Em quatro!", "Em cinco!", até que toda a turma tenha se abraçado.

9. AUTOCONHECER-SE

- Recursos materiais: Nenhum.
- Dimensão principal: Afetiva.
- Dimensões adjuvantes: Cognitiva, psicomotora (conhecimento corporal).
- Nos Referenciais Curriculares Nacionais para a Educação Infantil/ MEC:

- Âmbitos: Formação pessoal e social; conhecimento de mundo.
- Eixos: Identidade e autonomia; movimento (expressividade)
* Procedimentos:
  - Peça ao grupo de crianças que se movimente livremente, buscando explorar todo o espaço, com a música de fundo. Em um determinado momento solicite que todos se deitem e fechem os olhos. Com as mãos eles vão explorar seus próprios corpos de acordo com o roteiro que você estabelecer, buscando perceber a temperatura, as formas, os tamanhos etc. O roteiro deve seguir uma sequência minuciosa de exploração corporal:
    – Com as mãos percebam seus cabelos, seu crânio, sua testa, suas sobrancelhas, seu nariz, seus lábios, seu queixo, suas bochechas, seu pescoço etc.
  - Prossiga, com voz suave, até chegarem à exploração dos pés, atentando-se a detalhes dos dedos, das unhas etc.

10. LAÇOS DE CRIANÇAS

* Recursos materiais: Nenhum.
* Dimensão principal: Afetiva.
* Dimensões adjuvantes: Cognitiva, socializadora, motivadora, psicomotora.
* Nos Referenciais Curriculares Nacionais para a Educação Infantil/MEC:
  - Âmbitos: Formação pessoal e social; conhecimento de mundo.
  - Eixos: Identidade e autonomia; movimento (expressividade).
* Procedimentos:
  - Coloque o grupo de crianças de mãos dadas em círculo e peça-lhes que memorizem quem está do seu lado direito e quem está do seu lado esquerdo. Elas devem, então, se movimentar pela sala, com o objetivo de embaralhar todo o grupo, sem soltar as mãos. Devem passar por baixo ou por cima da corrente formada pelos braços. Depois que estiverem bem enlaçadas,

peça-lhes que soltem as mãos e se movimentem livremente. Em determinado momento você vai dar um sinal para que parem. Elas devem procurar com o olhar os coleguinhas com os quais estavam de mãos dadas, dirigir-se a eles e reatar os laços que havia no início da atividade.

Jogos afetivos tradicionais

Do universo dos jogos tradicionais que possibilitam trabalhar a afetividade, podemos trazer "salada mista", "dança da vassoura", "jogo da verdade", "joão-bobo", "brincadeiras de roda", "brinquedos cantados", "amigo secreto" etc.

Motivação

Em se tratando de motivação como condição orgânica influenciadora do nosso comportamento, como impulso interno que conduz à ação – por isso motivo/ação, ou melhor, motivo + ação, isto é, motivo para determinada ação –, o jogo promove o envolvimento nas atividades propostas pelo professor, injetando alegria, ânimo, entusiasmo e criatividade. Senão, que outra explicação poderia haver para as dinâmicas aulas que observei em tardes escaldantes, de umidade baixa e ar quase sem circulação? As aulas de uma determinada professora, apesar das condições adversas mencionadas, possuíam um grau de envolvimento e fluidez dificilmente obtido sem o auxílio do jogo. Como o jogo é um convite explícito e tentador à participação ativa das crianças, e como elas sabem que as oportunidades para jogar durante a aula são comumente limitadas pelo planejamento docente, parece não haver marasmo que resista incólume, ao contrário do que ocorre em aulas carentes de jogo, em que a criança taciturna e imóvel antevê para si penosos prenúncios da vida escolar que sabe que vai ter pela frente.

Christiane Rochefort (*apud* Harper *et al.* 1987, p. 47) vem em defesa dessa criança "parafusada" na carteira por uma manhã ou uma tarde inteira, suspeitando que há nisso algo de intencional quanto ao ensino da submissão:

> Será por acaso que a criança em desenvolvimento, essa força da natureza, essa exploradora aventurosa, é mantida imóvel, petrificada, confinada, reduzida à contemplação das paredes, enquanto o sol brilha lá fora, obrigada a prender a bexiga e os intestinos, 6 horas por dia, exceto alguns minutos de recreio, durante 7 anos ou mais? A posição sentada é reconhecidamente nefasta para a postura e para a circulação, e no entanto eis nosso homem ocidental com problemas de coluna, as veias esclerosadas. Trata-se de domar. Domesticar fisicamente essa máquina fantástica de desejos e prazeres que é a criança.

Esses seres plenos de anseios prazerosos, que crescem como árvores novas estendendo-se para todos os lados, buscando sofregamente a exploração e o alcance de seus limites, não podem sentir a sala de aula como o espaço onde mutilarão suas copas. A escola pode ser, talvez, a poda cuidadosa e sábia que orientará seu crescimento de modo sadio e feliz.

À categoria motivação, portanto, agreguei as seguintes ações observadas nas aulas: interesse, alegria e entusiasmo. Na mesma linha de pensamento, Alves (1993, p. 34) já havia sinalizado que educar é seduzir para o saber/sabor: "Educador/a é quem consegue desfazer as resistências ao prazer do conhecimento. Seduzir para o quê? Ora, para um saber/sabor. Portanto, para o conhecimento como fruição".

E que sabor seria esse senão o da alegria, do entusiasmo, do interesse, do estímulo à persistência e ao envolvimento com os fazeres da aula, que conduz ao desfrute do conhecimento? O jogo é atraente porque não combina com marasmo, porque é sinônimo de ação; é desafiante e mobilizador da curiosidade. Um saber saboroso pode originar-se inclusive das potencialidades motivantes do jogo no contexto de sala de aula.

Não estou afirmando que toda escola é sorumbática. São notórias as tentativas de tornar as escolas visualmente atraentes – principalmente as de anos iniciais –, com murais multicores e festividades diversas. Contudo, associo-me a Snyders (1993, p. 12) quando lamenta o fato de a alegria não constar entre os objetivos primordiais das escolas. O pedagogo francês vocifera ainda: "Afirmo que a escola preenche duas funções: preparar o futuro e assegurar ao aluno as alegrias presentes durante esses anos longuíssimos de escolaridade que a nossa civilização conquistou para ele" (*ibidem*, p. 27).

A característica motivante dos jogos é facilmente comprovada nos brilhos enigmáticos dos olhos vivazes, brilhos de olhos de peixes vivos, *flashes* inquietantes, das crianças que jogam. A fala de Evans (1979, p. 2) a respeito da função motivadora da diversão proporcionada pela prática do jogo reforça a ideia de que as atividades lúdicas precisam ser efetivamente consideradas e exploradas em sala de aula:

> Os educadores não deveriam surpreender-se à falta do entusiasmo por parte dos alunos. Por isto, a motivação para assistir às aulas e para aprender deve ser reforçada continuamente. Entretenimento é um fator motivador poderoso e não deveria ser negligenciado como uma parte importante do programa de ensino. Mas muitos educadores se sentem incomodados com a idéia de que a aprendizagem pode ser divertida. Para eles aprender deve envolver trabalho duro; o jogo foi feito para crianças e não é coisa séria; nada de valor pode vir de algo ruidoso. De fato, o entretenimento é uma ferramenta poderosa para motivar os estudantes. Os educadores deveriam reconhecer seu valor e buscar modos de integrar seus elementos nos seus procedimentos cotidianos. Nada pode ser ensinado aos alunos que não assistem às aulas e pouco pode ser ensinado àqueles que assistem, mas sentem-se chateados e sonolentos.

Observe que o autor indica a presença de duas características motivacionais: uma relacionada à frequência às aulas, e outra, à aprendizagem propriamente dita, o que me leva a inferir positivamente acerca da possibilidade de o jogo servir como um fator redutor da evasão escolar, além de suas potencialidades pedagógicas. Mas quero destacar ainda, à luz da fala de Evans, a recusa de professores ao uso do jogo em suas aulas. Ao longo de minha vida de educador, deparei com profissionais absolutamente incrédulos em relação ao uso da ludicidade em seu fazer pedagógico. Acontecimento compreensível, se levarmos em conta o contexto de sua formação profissional. É conhecida a ausência de um currículo que compreenda de forma assertiva a presença do lúdico na formação dos professores para o início de escolarização no Brasil, exceto algumas tímidas e louváveis iniciativas.

Quero comentar, também, acerca do caráter da rivalidade embutida no jogo. O espírito de competição promove importante incentivo ao envolvimento na atividade. A emulação, se adequadamente tratada pelo professor, é uma interessante faceta do jogo que poderá contabilizar a favor do processo educativo. Como ilustração, à pergunta do que fazem mais na hora do recreio, as respostas campeãs das crianças foram "correr", "pique-pega" e "bambolê".

O sentido motivador do jogo aparece ainda na questão referente ao porquê de as crianças preferirem a aula em que jogam, e no fato de quase a totalidade delas haver dito que é porque esse tipo de aula "é legal". O estímulo a tomar parte das atividades coloca o aluno em situação de aprendizagem, isto é, o aluno se abre à aprendizagem, expõe-se aos efeitos do processo educativo, permite-se interagir com ele.

O jogo motiva porque propõe situações que provocam a curiosidade das crianças, levando-as a questionar e a questionarem-se, a construir e a reconstruir o conhecimento. Para Ide (1996, p. 96), "as crianças ficam mais motivadas a usar a inteligência, pois querem jogar bem; sendo assim, esforçam-se para superar obstáculos, tanto cognitivos quanto emocionais. Estando mais motivadas durante o jogo, ficam também mais ativas mentalmente". Outra vez, surge nova pista que aponta para o encadeamento das categorias apontadas neste livro. Vê-se que a autora faz conexões entre a motivação e as dimensões cognitivas e afetivas, dissuadindo qualquer ideia de independência entre elas.

Lembremo-nos de que as crianças menores têm um tempo menos elástico de concentração; passado esse curto período, elas querem brincar, elas querem se divertir. E o que fazer numa escola onde não há esse espaço nem essa oportunidade? O jogo pode predispor a ir um pouco mais adiante no desafio da aprendizagem, quer social, quer conteudista. Da mesma maneira, conquistando-se o bem-estar da criança, abrem-se brechas, portas, caminhos para a inserção dos conteúdos. O jogo tem natural motivação, não podemos desprezá-lo. A motivação produzida por determinada atividade pode conduzir o sujeito ao envolvimento em outra, uma vez que nela são presumíveis a diligência (como produto da ação) e a energia que a move. O jogo é um paiol de alegria e experiência de êxito, importantes, principalmente, a crianças privadas, em seu dia a dia, desse tipo de realização. A conquista de minutos de autoestima e excitação pode proporcionar às crianças abertura a novas experiências, inclusive pedagógicas. A energia que as move rumo à superação de toda natureza de limites, seus e do meio, coloca-se igualmente à disposição do processo educativo.

Dez jogos com a tônica na motivação

Incluem-se aqui jogos que possibilitam o entusiasmo, a euforia, o ânimo, a catarse etc. Eis dez ideias bem legais para trabalhar com os pequenos:

1. UMA VIAGEM DIVERTIDA

- Recursos materiais: Nenhum.
- Dimensão principal: Motivadora.
- Dimensões adjuvantes: Cognitiva, socializadora, motivadora, psicomotora.
- Nos Referenciais Curriculares Nacionais para a Educação Infantil/ MEC:
    - Âmbito: Conhecimento de mundo.
    - Eixos: Movimento (expressividade, equilíbrio e coordenação), linguagem oral (falar e escutar).
- Procedimentos:
    - Organize a turma em círculo, com as crianças sentadas em cadeiras. Cada aluno deve receber, anotado em um recorte de papel, o nome de uma cidade. Explique às crianças que, toda vez que sua cidade for citada, elas devem, imediatamente,

trocar de lugar com o colega que tiver tido também sua cidade mencionada. Todas devem, ainda, trocar de lugar sempre que ouvirem a expressão: "ESPETÁCULO NA PRAÇA!". Convide um voluntário para ocupar o centro do círculo e retire sua cadeira. Comece a narrar uma história aventurosa de certo turista que veio ao Brasil. No decorrer da narrativa, cite sempre dois nomes de cidades. As crianças representantes dessas cidades devem, como dito, trocar de lugar. O voluntário, porém, vai procurar ocupar algum lugar vazio. Em alguns momentos da história, diga: "ESPETÁCULO NA PRAÇA!". Todos vão trocar de lugar. Você pode blefar, a fim de confundir os jogadores, pronunciando parte da palavra "ESPETÁCULO". Por exemplo: "ES... PETO PARA CHURRASCO!", "ES... PEREME NA PRAÇA!". A criança que levantar fora de hora pode ser retirada do jogo (ela e sua cadeira) e assim a atividade vai ficando mais divertida.

2. MÃOS SOBRE MÃOS

- Recursos materiais: Nenhum.
- Dimensão principal: Motivadora.
- Dimensões adjuvantes: Cognitiva, socializadora, motivadora, psicomotora.
- Nos Referenciais Curriculares Nacionais para a Educação Infantil/MEC:
  - Âmbitos: Formação pessoal e social; conhecimento de mundo.
  - Eixos: Identidade e autonomia; movimento (expressividade e coordenação).
- Procedimentos:
  - Divida o grupo em subgrupos de cerca de cinco crianças. Cada subgrupo vai formar um círculo, de modo que seus ombros se toquem. Um voluntário deve estender a mão direita na direção do centro do círculo, com a palma virada para baixo. O colega à sua esquerda vai depositar a mão sobre a dele. Na sequência,

todos vão fazer o mesmo, até se formar um empilhado de mãos direitas. Quando chegar novamente a vez do primeiro, ele vai colocar a mão esquerda e os demais vão fazer o mesmo. Nesse momento, todos vão estar com suas mãos empilhadas. Assim, chegando novamente a vez do primeiro, este vai retirar a mão, que deve estar na base da pilha, e vai recolocá-la por sobre todas as outras. Movimento que deve ser repetido um a um, no sentido de baixo para cima. Incentive-os a fazê-lo de modo rápido, para que a atividade tenha uma dinâmica interessante.

3. OS CAÇADORES DAS SOMBRAS

- Recursos materiais: Nenhum.
- Dimensão principal: Motivadora.
- Dimensões adjuvantes: Socializadora, motivadora, psicomotora.
- Nos Referenciais Curriculares Nacionais para a Educação Infantil/ MEC:
  - Âmbitos: Formação pessoal e social; conhecimento de mundo.
  - Eixos: Identidade e autonomia; movimento (expressividade, equilíbrio e coordenação).
- Procedimentos:
  - Para a realização deste jogo você vai precisar de espaço externo e dia de sol. Leve as crianças para um jardim ou pátio aberto e peça que se espalhem à vontade, desde que permaneçam no seu campo de visão. Solicite a presença de um voluntário que vai representar o caçador de sombras e dar início ao jogo. Explique-lhes que, ao seu sinal, o coleguinha que se voluntariou vai percorrer o espaço na tentativa de colocar um pé nas sombras dos demais e que estes devem tentar se desvencilhar dele. A cada tentativa bem-sucedida ele vai pronunciar, em voz alta, o nome do coleguinha que teve sua sombra "alvejada". Ao dizer o nome, o colega vai se transformar também em um caçador de sombras, juntando-se ao primeiro e prosseguindo na tarefa proposta. Todos devem

ouvir o nome anunciado, inclusive para saber quem é caça e quem é caçador. O jogo termina quando passarem a existir mais caçadores que sombras a serem caçadas.

4. ORA, BOLAS!

- Recursos materiais: Duas bolas.
- Dimensão principal: Motivadora.
- Dimensões adjuvantes: Cognitiva, socializadora, motivadora, psicomotora.
- Nos Referenciais Curriculares Nacionais para a Educação Infantil/ MEC:
    - Âmbitos: Formação pessoal e social; conhecimento de mundo.
    - Eixos: Identidade e autonomia; movimento (expressividade e coordenação).
- Procedimentos:
    - Organize o grupo de crianças em dois times, de pé. Monte um círculo, intercalando uma criança de cada time. Apanhe duas bolas e as entregue a um jogador de cada time, sendo que estes devem estar em posições opostas no círculo. Ao seu sinal, cada criança que está de posse da bola deve passá-la rapidamente, e sem deixá-la cair, ao seu próximo companheiro de time, na sequência do círculo. Ou seja, deve ignorar o jogador seguinte, pois ele faz parte do time adversário. O objetivo é fazer a bola alcançar a bola do time adversário. Sempre que um time atingir essa meta ganha um ponto.

5. A TRAVESSIA DO RIO

- Recursos materiais: Folhas de papel.
- Dimensão principal: Motivadora.
- Dimensões adjuvantes: Cognitiva, motivadora, psicomotora.
- Nos Referenciais Curriculares Nacionais para a Educação Infantil/ MEC:

- Âmbito: Conhecimento de mundo.
- Eixo: Movimento (expressividade, equilíbrio e coordenação).

- **Procedimentos:**
  - Alinhe os participantes de pé e entregue três folhas de papel para cada um deles. Trace uma linha de chegada alguns metros adiante. Diga-lhes que vão atravessar um rio de forte correnteza com água na altura dos joelhos e que, para que a travessia seja bem-sucedida, só podem fazê-la pisando sobre suas folhas de papel. Mas o desafio vai ser mais difícil do que parece: ao seu sinal, todos devem colocar uma folha à sua frente, pisar nela, colocar a segunda folha mais à frente e pisar nela. Entretanto, ao colocarem a terceira folha, devem recolher a primeira para dar continuidade à travessia. Sempre que uma criança deixar de pisar em uma das folhas, ela deve recomeçar a travessia do início. A primeira criança que chegar do outro lado do rio vai ser a vencedora. Peça aplausos para todos os participantes.

6. BALÕES MOVIDOS A SOPRO

- **Recursos materiais:** Balões.
- **Dimensão principal:** Motivadora.
- **Dimensões adjuvantes:** Cognitiva, socializadora, motivadora, psicomotora.
- **Nos Referenciais Curriculares Nacionais para a Educação Infantil/ MEC:**
  - Âmbitos: Formação pessoal e social; conhecimento de mundo.
  - Eixos: Identidade e autonomia; movimento (expressividade, equilíbrio e coordenação).
- **Procedimentos:**
  - Organize o grupo de crianças em dois times com igual número de participantes. Entregue um balão cheio, de cor diferente, para cada time. Ao seu sinal, cada time deve lançar seu balão

ao alto, e este deve ser mantido flutuando apenas por meio dos sopros dos seus jogadores. Isto é, as crianças não podem usar qualquer parte do corpo. Vence o time que mantiver seu balão no ar por mais tempo. Peça aplausos para todos os participantes.

7. UMA RODA MUITO ENGRAÇADA

- Recursos materiais: Nenhum.
- Dimensão principal: Motivadora.
- Dimensões adjuvantes: Cognitiva, socializadora, afetiva, motivadora, criativa, psicomotora.
- Nos Referenciais Curriculares Nacionais para a Educação Infantil/ MEC:
  - Âmbitos: Formação pessoal e social; conhecimento de mundo.
  - Eixos: Identidade e autonomia; movimento (expressividade, equilíbrio e coordenação), linguagem oral (falar e escutar).
- Procedimentos:
  - Organize o grupo de participantes de pé e em círculo. Informe-os de que você vai dar diversos comandos para serem realizados por todos. Por exemplo:
    - "Todos com a mão sobre o ombro do colega ao lado direito!".
  - Todos realizarão o pedido e assim ficarão até o próximo comando, que poderá ser:
    - "Todos com a outra mão sobre a cabeça do colega à esquerda!".
  - Os comandos vão se acumulando, a configuração do círculo vai ficando cada vez mais engraçada e os risos vão ser inevitáveis. O jogo prossegue até que não se consiga manter o círculo. Você pode estabelecer que a primeira criança que "vacilar", levando o círculo a ser desfeito, deve conduzir a atividade.

8. O DUELO DOS BALÕES ENTRE JOELHOS

- Recursos materiais: Balões.
- Dimensão principal: Motivadora.
- Dimensões adjuvantes: Cognitiva, socializadora, motivadora, psicomotora.
- Nos Referenciais Curriculares Nacionais para a Educação Infantil/ MEC:
  - Âmbitos: Formação pessoal e social; conhecimento de mundo.
  - Eixos: Identidade e autonomia; movimento (expressividade, equilíbrio e coordenação).
- Procedimentos:
  - Disponha o grupo de crianças à vontade pelo espaço e entregue um balão cheio para cada uma, pedindo-lhes que o prendam entre os joelhos. Ao seu sinal, elas devem se deslocar saltando ou deslizando os pés em direção às demais e lhes fazer cócegas. A criança que deixar seu balão escapar ou estourar, seja pelo deslocamento próprio ou pelas cócegas dos colegas, retira-se do jogo. Vence aquele que restar por último com o balão entre os joelhos. Peça aplausos para todos os participantes.

9. A CORRENTE DINÂMICA

- Recursos materiais: Nenhum.
- Dimensão principal: Motivadora.
- Dimensões adjuvantes: Cognitiva, socializadora, afetiva, motivadora, psicomotora.
- Nos Referenciais Curriculares Nacionais para a Educação Infantil/ MEC:
  - Âmbitos: Formação pessoal e social; conhecimento de mundo.
  - Eixos: Identidade e autonomia; movimento (expressividade, equilíbrio e coordenação), linguagem oral (falar e escutar).

- Procedimentos:
  - Organize o grupo de crianças de mãos dadas como se fosse uma corrente. Ao seu sinal, elas devem executar seus comandos sem quebrar a corrente. Exemplos:
    - "Estiquem-se!" – A corrente, então, deve se expandir ao máximo.
    - "Encolham-se!" – O grupo deve juntar-se ao máximo.
  - Use outros comandos que desafiem seus movimentos, como, por exemplo: "Rodem!", "Pulem!", "Abaixem-se!" etc.

10. A EXPEDIÇÃO

- Recursos materiais: cartões de tamanhos iguais e em diversas cores.
- Dimensão principal: Motivadora.
- Dimensões adjuvantes: Cognitiva, socializadora, psicomotora.
- Nos Referenciais Curriculares Nacionais para a Educação Infantil/MEC:
  - Âmbitos: Formação pessoal e social; conhecimento de mundo.
  - Eixos: Identidade e autonomia; matemática (números e sistema de numeração).
- Procedimentos:
  - Prepare e esconda, nos mais diversos lugares do ambiente, cartões de tamanhos iguais e de diversas cores; cada cor corresponde a um número de pontos. Você pode indicar os valores nos cartões. Organize as crianças em times com quantidade igual de participantes e indique a que cor cada grupo vai corresponder. Ao seu sinal, elas devem começar a expedição em busca dos cartões. Estabeleça um tempo e faça a tabulação dos pontos de cada time.

Jogos motivadores tradicionais

Do universo dos jogos tradicionais que possibilitam a motivação da gurizada, podemos trabalhar com quase todos, uma vez que jogo é ação e não combina com marasmo. Mas, a título de sugestões, citamos alguns: "vivo-morto", "corre, cutia", "telefone sem fio", "esconde-esconde", "pula sela", "bola de gude", "peteca", "cinco-marias", "estátua", "queimada", "cabra-cega", "polícia e ladrão", "faça o que o mestre mandar", "elástico", "seu lobo" etc.

Criatividade

Em se tratando de criatividade, como processo de cunho personológico ou cognitivo, em que nos permitimos perceber as coisas de novas maneiras, correr riscos, superar/rever padrões, engendrar novas conexões, os jogos sugerem amplas possibilidades de exercício do potencial criativo dos envolvidos diretamente com eles, já que se trata de um campo fértil para a semente da imaginação. O ato de jogar requer toques de criatividade, assim como a criatividade desponta na realização do jogo. Portanto, ambos os fenômenos demonstram um lúcido grau de interdependência. Winnicott (1971, p. 163) pede a palavra para dizer que "a brincadeira é a prova evidente e constante da capacidade criadora, que quer dizer vivência".

Segundo Alencar (1980), esse conceito recebe duas abordagens: a personológica e a cognitiva. À luz da primeira, um grupo de autores, entre eles Carl Rogers, a define como uma resposta nova, ou pelo menos estatisticamente infrequente, que precisa estar adaptada ao contexto e ter utilidade para a resolução de problemas. Por outro lado, a segunda abordagem valoriza a capacidade intelectual do indivíduo. Entre os autores deste segundo time, Torrance (*apud* Alencar, 1980, p.146), que tem suas pesquisas voltadas à criatividade infantil, a define como processo "de se tornar sensível a problemas, deficiências, lacunas no conhecimento; de identificar a dificuldade; buscar soluções, formulando hipóteses a respeito das deficiências; testar e retestar hipóteses, possivelmente modificando-as, e finalmente comunicando os resultados".

A criatividade está intimamente agregada à ludicidade, e a realização do jogo incentiva a faculdade criadora, que por sua vez carrega consigo a potencialidade pedagógica, já que implica prazer e imaginação. Além disso, a desejável característica criativa do professor poderá encontrar amparo, no sentido de ter origem e evolução, na realização conjunta das atividades lúdicas que ele propõe a seus alunos. Dito de outra forma, participar do jogo como orientador, juiz ou como um ser "brincante" poderá proporcionar a descoberta de seus horizontes criativos. É importante que o professor mostre-se criativo. A criatividade torna tanto as crianças quanto os professores mais atentos às questões do dia a dia, possibilitando que as identifiquem e resolvam com maior agilidade. Além disso, grande parte dos jogos, em virtude de sua característica criadora, pode deixar ensinamentos para a vida inteira.

As crianças me disseram, na compreensão de suas falas, que, para brincar de carrinho, no caso dos meninos, e de boneca ou casinha, tratando-se de meninas, precisam criar o plano de ações de seus personagens. Isto é, definir, por meio da imaginação, os papéis dos personagens frutos de sua criação. A importância vital do jogo infantil encontra respaldo, também, no fato de que a criatividade desenvolvida no jogo auxilia esse pequeno ser em suas autodescobertas. Winnicott (1997, p. 67) garante que "é no brincar e somente no brincar que o indivíduo, criança ou adulto, pode ser criativo e utilizar sua personalidade integralmente, e é somente sendo criativo que o indivíduo descobre o seu *self*". Assim, Ostrower (1987, p. 5) acrescenta, ao falar da natureza criativa do homem, que "no indivíduo confrontam-se dois pólos de uma mesma relação: a sua criatividade que representa as potencialidades de um ser único, e sua criação que será a realização dessas potencialidades".

Depreende-se, pois, que o exercício do potencial criativo concretiza-se no objeto de sua criação, isto é, na resultante de um processo no qual o jogo surge como um importante agente mobilizador, predispondo os envolvidos à realização criativa. Uma situação criativa abre espaços para a atuação dos demais fenômenos considerados, aqui, como necessários à aprendizagem: socialização, cognição, afeição e motivação. A mesma autora (*ibidem*, p. 9) assegura que

> (...) desde as primeiras culturas, o ser humano surge dotado de um dom singular: mais do que *homo faber*, ser fazedor, o homem é um ser

formador. Ele é capaz de estabelecer relacionamentos entre os múltiplos eventos que ocorrem ao redor e dentro dele. Relacionando os eventos, ele os configura em sua experiência de viver e lhes dá um significado. Nas perguntas que o homem faz ou nas soluções que encontra, ao agir, ao imaginar, ao sonhar, sempre o homem relaciona e forma.

Portanto, damos significado às nossas vivências quando estabelecemos as conexões entre os diversos acontecimentos dos quais somos parte. É-nos exigido, para tanto, a mediação da dimensão criativa, pois a imaginação e o sonho precedem a construção da forma. Sempre que nos perguntamos e/ou alcançamos respostas, estamos aprendendo. Daí, se aprender é necessário à vida, criar também o é. Portanto, são fenômenos que partilham a mesma aliança. Ao darmos forma, criamos. O jogo, por imitar a vida, pode ser uma recriação do macro em escala micro. No entanto, recriamos ao nosso modo. A importância desse criar e recriar, para a criança, está no favorecimento da elaboração de suas próprias interrogações ante seus limites. Cunha (1994, p. 9) recomenda

> (...) dar-lhes oportunidade para que, brincando, liberem sua capacidade de criar e de reinventar o mundo, de liberar sua afetividade e de ter suas fantasias aceitas e favorecidas para que, através do mundo mágico do "faz-de-conta" possam explorar seus próprios limites e partir para a aventura que poderá levá-las ao encontro de si mesmas.

A autora, além do apoio às argumentações precedentes, pressupõe a ideia de um encadeamento entre as dimensões criativa e afetiva, que me leva à convicção de uma organização imbricada dos fenômenos aqui abordados.

Assmann (1998, p. 29) alinha o prazer, a ternura e a criatividade ao tecido da educação, ao defender que

> (...) o ambiente pedagógico tem de ser lugar de fascinação e inventividade. Não inibir, mas propiciar, aquela dose de alucinação consensual entusiástica requerida para que o processo de aprender aconteça como

mixagem de todos os sentidos. Porque a aprendizagem é, antes de mais nada, um processo corporal. Que ela venha acompanhada de sensação de prazer não é, de modo algum, um aspecto secundário.

Alencar (1995, p. 85) acredita que já está passando da hora de a escola buscar com maior determinação investir no desenvolvimento da criatividade dos nossos alunos, até mesmo como uma forma de originar conhecimento e de melhor lidar com toda a natureza de problemas:

> Vivemos um momento em que, mais do que nunca, necessitamos fazer uso do nosso potencial criador. Na medida em que a escola contribuir para formar no aluno o pensamento crítico e criador e se preocupar não apenas com a capacidade do aluno de reproduzir informações, mas também de produzir conhecimento, ela estará dando sua parcela de contribuição para que ultrapassemos alguns dos problemas com os quais convivemos no momento e para que nos habilitemos a enfrentar, de forma mais adequada, problemas futuros.

É preciso repetir exaustivamente que à escola e ao professor é recomendado fomentar a expressão criativa das crianças, para que estas possam temperar de sabor e fascínio suas primeiras experiências. Não podemos privar esses pequenos seres de um dos mais essenciais fenômenos da natureza humana que é a criatividade. Intermediadas pela criatividade, que pode ser acionada por meio do jogar – que também é uma essência humana –, as crianças poderão colher o doce fruto do saber.

Dez jogos com a tônica na criatividade

Incluem-se aqui jogos que desafiam a imaginação, a fantasia, a curiosidade, a combinação de ideias, a solução engenhosa de problemas, a criação, a inovação, a transformação etc. Eis dez ideias bem legais para trabalhar com os pequenos:

1. O NAUFRÁGIO

- Recursos materiais: Quadrados de cartolina, papel-ofício, papel-alumínio, tesoura sem ponta, fita adesiva, cola branca, vendas e barbante.
- Dimensão principal: Criativa.
- Dimensões adjuvantes: Cognitiva, socializadora, afetiva, motivadora, psicomotora.
- Nos Referenciais Curriculares Nacionais para a Educação Infantil/MEC:
  - Âmbitos: Formação pessoal e social; conhecimento de mundo.
  - Eixos: Identidade e autonomia; movimento (expressividade e coordenação), linguagem oral (falar e escutar), natureza e sociedade (os fenômenos da natureza, objetos e processos de transformação, lugares e paisagens).
- Procedimentos:
  - Solicite às crianças que se agrupem em duplas e sentem-se frente a frente. Conte-lhes uma história que envolva um naufrágio e a chegada de dois sobreviventes a uma ilha. Ambos vão precisar se ajudar mutuamente se quiserem sobreviver. Tudo correria bem se um deles não fosse cego e o outro não fosse privado dos braços. Cada um dos componentes da dupla vai representar um desses personagens. Coloque uma venda nos olhos dos que vão representar os cegos e amarre para trás, com o barbante, as mãos dos que vão fazer o papel dos náufragos sem braços. Continue a narrativa acrescentando que, de todos os pertences que levavam no navio, eles só conseguiram salvar o material que você vai distribuir. Entregue para cada dupla: um quadrado de cartolina medindo cerca de 40 cm de lado, um quadrado de papel-alumínio da mesma dimensão, uma folha de papel-ofício, uma tesoura sem ponta, um rolo de fita adesiva e um frasco de cola branca. Prossiga contando que nuvens carregadas se aproximam. Cada dupla, usando o material disponível, deve buscar a todo custo construir um vasilhame

para recolher a água da chuva, garantindo, assim, mais alguns dias de sobrevivência. Destaque o fato de que eles precisam usar de muita criatividade para solucionar o problema. Dê início ao desafio. Acompanhe de perto os trabalhos das duplas orientando-os e estimulando-os a persistir. Comente, com ênfase, que não podem ficar de pé, mas que é permitido o uso dos pés para mover os objetos. Vendo que a maioria já considerou concluída a tarefa, encerre o jogo e organize uma exposição dos trabalhos feitos. Cada um, então, vai comentar o trabalho do outro, destacando os que considerarem mais criativos. Você pode, se ainda houver motivação dos alunos, inverter os personagens e recomeçar o jogo.

2. RECRIANDO HISTÓRIAS EM QUADRINHOS

- Recursos materiais: Gibis, papel, tesoura sem ponta, cola, lápis de cor, giz de cera.
- Dimensão principal: Criativa.
- Dimensões adjuvantes: Cognitiva, motivadora.
- Nos Referenciais Curriculares Nacionais para a Educação Infantil/MEC:
  - Âmbito: Conhecimento de mundo.
  - Eixo: Artes visuais.
- Procedimentos:
  - Distribua o material indicado e peça às crianças que recortem diversos personagens das revistas em quadrinhos e os deixem sobre suas mesas. Quando todas tiverem concluído essa etapa, diga-lhes que imaginem uma história que envolva os personagens escolhidos, que podem ter balões com texto (caso as crianças já escrevam) ou não. Elas devem montar e colar os recortes sobre o papel, dando sequência à história. Sugira-lhes que as histórias tenham começo, meio e fim. Para dar acabamento primoroso, oriente-as a desenhar e colorir os cenários. Vale também produzir colagens para a produção

dos cenários. Encerrada a atividade, organize uma fantástica exposição de arte.

3. EU PARO OU CONTINUO?

- Recursos materiais: Nenhum.
- Dimensão principal: Criativa.
- Dimensões adjuvantes: Cognitiva, motivadora, psicomotora.
- Nos Referenciais Curriculares Nacionais para a Educação Infantil/ MEC:
  - Âmbitos: Formação pessoal e social; conhecimento de mundo.
  - Eixos: Identidade e autonomia; movimento (expressividade, equilíbrio e coordenação), linguagem oral (falar e escutar).
- Procedimentos:
  - Peça às crianças que se movimentem à vontade, mas em absoluto silêncio, buscando explorar todo o espaço disponível. Elas devem seguir atentamente os seus comandos. Quando você disser "parem", elas devem congelar o movimento imediatamente; quando você disser "continuem", elas devem voltar a se movimentar. Faça isso por alguns minutos. As crianças logo vão dizer que o jogo é muito simples. Pare a atividade e diga-lhes que a regra vai sofrer alteração. Quando você disser "parem", elas devem prosseguir; quando você disser "continuem", elas devem congelar imediatamente. Este jogo é muito útil na quebra de padrões, fator que bloqueia a criatividade humana.

4. O QUE FALTA?

- Recursos materiais: Revistas, papel, tesoura sem ponta, cola, lápis de cor, giz de cera.
- Dimensão principal: Criativa.
- Dimensões adjuvantes: Cognitiva, motivadora.

- Nos Referenciais Curriculares Nacionais para a Educação Infantil/ MEC:
  - Âmbito: Conhecimento de mundo.
  - Eixo: Artes visuais.
- Procedimentos:
  - Selecione diversas páginas de revistas que contenham figuras interessantes ao público infantil e recorte cada uma delas em duas partes. Busque variar o padrão do corte; não o faça linear e sim em diagonal, em zigue-zague, em elipse etc. Separe as duas partes, misture-as e distribua uma para cada criança, junto com o restante do material listado acima. Oriente-as a colar a imagem alinhando-a a uma das laterais da folha em branco, isto é, deixando um espaço no qual, soltando a imaginação, vão desenhar e colorir o que falta à imagem. Concluída a atividade, organize uma formidável exposição de arte.

5. O QUE EXISTE NA CAIXA?

- Recursos materiais: Nenhum.
- Dimensão principal: Criativa.
- Dimensões adjuvantes: Cognitiva, socializadora, motivadora.
- Nos Referenciais Curriculares Nacionais para a Educação Infantil/ MEC:
  - Âmbito: Conhecimento de mundo.
  - Eixo: Linguagem oral (falar e escutar).
- Procedimentos:
  - Organize o grupo de crianças em duplas. Uma dupla por vez vai disputar o jogo, face a face, na frente da sala, onde duas cadeiras a esperam. Chamando, portanto, a primeira dupla, sorteie quem vai começar a jogar e diga às duas crianças que uma caixa imaginária está colocada entre elas. Você vai fazer a seguinte pergunta, que deve ser respondida imediatamente pela criança que ganhou o sorteio: "O que existe dentro

da caixa?". Oriente-as a emitir a primeira resposta que lhes ocorrer, sem se preocupar com o certo ou o errado, pois, afinal, cada uma imaginou um tipo de caixa, não tendo sido dito o seu tamanho. Assim que o jogador disser sua resposta, o adversário deve emendar a sua, o mais rápido possível. Você pode estabelecer o fim do jogo pelo tempo ou quando as respostas começarem a demorar a aparecer. Lembre-se de que outras duplas aguardam a vez para ir ao tatame, digo, ao campo do jogo desse *brainstorming* (tempestade de ideias).

6. OS RETRATISTAS FANTÁSTICOS

- Recursos materiais: Papel, lápis, lápis de cor ou giz de cera.
- Dimensão principal: Criativa.
- Dimensões adjuvantes: Cognitiva, socializadora, motivadora.
- Nos Referenciais Curriculares Nacionais para a Educação Infantil/ MEC:
  - Âmbitos: Formação pessoal e social; conhecimento de mundo.
  - Eixos: Identidade e autonomia; artes visuais.
- Procedimentos:
  - Organize o grupo de crianças em duplas, sentadas com suas mesinhas frente a frente, e distribua o material. Desafie-as a fazer o retrato uma da outra, desenhando e colorindo. Quando terminarem, peça-lhes que repitam a experiência, desta vez olhando apenas para a face da outra, enquanto desenham. Risos vão ser inevitáveis, pois dificilmente vão conseguir se manter sérias, encarando-se. Mas estimule-as a persistir até o fim. Diga-lhes que não existem certo ou errado, e que o objetivo da atividade é a diversão. Estabeleça um tempo ao final do qual elas deverão olhar o resultado de seu desenho e mostrá-lo ao outro. Mais gargalhadas vão invadir o recinto! As crianças devem, então, pintar seus desenhos, mas sem alterar a obra "original"! Peça-lhes que assinem e organize uma belíssima exposição de arte, para os aplausos de todos.

7. PARA QUE SERVE?

- Recursos materiais: Nenhum.
- Dimensão principal: Criativa.
- Dimensões adjuvantes: Cognitiva, motivadora.
- Nos Referenciais Curriculares Nacionais para a Educação Infantil/ MEC:
  - Âmbito: Conhecimento de mundo.
  - Eixo: Linguagem oral (falar e escutar).
- Procedimentos:
  - Comece a brincadeira desafiando as crianças a colocar a imaginação para funcionar a mil por hora! Diga-lhes que você vai falar o nome de um objeto e perguntar para que mais serve. Ou seja, elas devem, imediatamente e uma a uma, pensar outra utilidade para aquilo, não importa quão absurda possa ser. Insista em dizer várias vezes que nesta brincadeira não há o certo nem o errado e que o objetivo é a diversão. Este é um exercício de *brainstorming* bastante interessante para dar fluxo ao pensamento criativo. Exemplos de objetos que você pode evocar: um tijolo, uma barra de sabão, um lápis, uma colher etc. Apenas cuide para indicar objetos do universo de conhecimento da faixa etária dos participantes. Boa diversão!

8. O NOME DE UMA COISA...

- Recursos materiais: Nenhum.
- Dimensão principal: Criativa.
- Dimensões adjuvantes: Cognitiva, motivadora.
- Nos Referenciais Curriculares Nacionais para a Educação Infantil/ MEC:
  - Âmbito: Conhecimento de mundo.
  - Eixo: Linguagem oral (falar e escutar).

- Procedimentos:
  - Vá circulando por entre as crianças e sugerindo questões, sem se dirigir a alguém especificamente. Elas podem responder à vontade. A cada conjunto representativo de respostas você muda para outra. Eis algumas sugestões, mas espero que você também liberte sua imaginação:
    – Imaginem e digam-me o nome de uma coisa muito gostosa!
    – Uma coisa muito doce!
    – Uma coisa muito cheirosa!
    – Uma coisa muito grande!
    – Uma coisa muito macia!
    – Uma coisa muito fria!
    – Uma coisa muito pequena!
    – Uma coisa muito quente! etc.
  - A repetição da frase "Uma coisa muito..." dá o tempero ao jogo! Você pode partir para a evocação de cores, distâncias etc.

9. DESENHISTAS EXEMPLARES

- Recursos materiais: Papel, lápis, lápis de cor ou giz de cera.
- Dimensão principal: Criativa.
- Dimensões adjuvantes: Cognitiva, motivadora.
- Nos Referenciais Curriculares Nacionais para a Educação Infantil/ MEC:
  - Âmbito: Conhecimento de mundo.
  - Eixo: Artes visuais.
- Procedimentos:
  - Distribua o material para todas as crianças e as desafie neste divertido ateliê de desenhos. Disponha o grupo em círculo ou semicírculo e coloque uma mesa no centro; sobre ela, deposite um objeto passível de ser reproduzido, como uma estátua, um troféu, uma fruta grande etc. Elas logo vão

pensar que se trata de olhar para o objeto, olhar para o papel e desenhá-lo. Ledo engano! elas devem esforçar-se para desenhá-lo e colori-lo com a mão oposta à que usam comumente. Reforce que não existem o certo nem o errado, e que o objetivo é a diversão, não a perfeição. Estabeleça um tempo, após o qual todas devem mostrar seus trabalhos umas às outras e a você. Mas o desafio não acaba aqui! Peça-lhes agora que repitam a experiência, usando desta vez as duas mãos ao mesmo tempo! Risos vão invadir a sala! Ao final, organize uma belíssima exposição de arte, para os aplausos de todos.

10. COM QUE LETRA?

- Recursos materiais: Nenhum.
- Dimensão principal: Criativa.
- Dimensões adjuvantes: Cognitiva, motivadora.
- Nos Referenciais Curriculares Nacionais para a Educação Infantil/ MEC:
  - Âmbito: Conhecimento de mundo.
  - Eixos: Linguagem oral (falar e escutar), linguagem escrita (práticas de leitura e escrita).
- Procedimentos:
  - Organize o grupo de crianças em times; se preferir, a turma toda pode jogar. Você vai pronunciar uma letra – se quiser, pode escrevê-la no quadro-negro. Uma a uma, as crianças vão dizer palavras que se iniciem com essa letra. Você pode estabelecer que, a cada cinco palavras pronunciadas, o quinto jogador vai ser desafiado a formular uma frase com todas elas, incluindo os elementos de ligação necessários, como artigos e preposições. Você pode também deixar livre para que a criança mais rápida apresente sua frase ao grupo. E aí recomeça o jogo, que pode ser recriado de diversas formas interessantes.

Jogos criativos tradicionais

Do universo dos jogos tradicionais que exploram a criatividade da meninada, eis algumas ideias: jogos de "faz de conta", de "improviso", de "adivinhações", de "mímicas", de "desempenho de papéis", de "rimas", de "recontos de clássicos literários" etc.

Psicomotricidade

Os jogos sugerem amplas possibilidades de exercício do desenvolvimento motor, afetivo e psicológico das crianças, ajudando-as a tomar consciência de seu corpo e a se expressar por meio dele situando-se no tempo e no espaço. A psicomotricidade, cujo foco é o desenvolvimento neuromuscular, apoia-se na tríade movimento, intelecto e afeto, ensinando-nos que o desenvolvimento corporal não se dá apenas no seu aspecto mecânico, mas por meio de um conjunto complexo de fatores, incluindo os psicossociais. As primeiras noções que construímos do nosso eu-corporal são mediadas pela família e vão se consolidando na forma de conceitos e autoconceitos de nossa corporeidade. Tal percepção de nosso esquema corporal influencia intensamente nosso desenvolvimento, pois, se mal estruturada, resulta em dificuldades de coordenação motora, lateralidade, postura, equilíbrio, organização espaçotemporal etc. Consequentemente, poderemos responder ao mundo social com comportamentos indesejáveis, como desatenção, desinteresse, falta de sociabilidade e agressividade, por exemplo. A psicomotricidade, portanto, ajuda o corpo a se comunicar melhor dando equilíbrio ao processo desenvolvimental.

No universo escolar, a criança que apresenta problemas com a escrita (como, por exemplo, a diferenciação de letras e ordenação silábica), com a leitura e com o raciocínio lógico, assim como outras dificuldades da aprendizagem, pode ter sofrido prejuízos no seu desenvolvimento psicomotor.

Um adequado desenvolvimento psicomotor possibilita à criança um desenvolvimento global, provendo-a das melhores perspectivas nos planos cognitivos, sociais, afetivos e criativos, aspectos indiscutivelmente necessários no mundo ultramoderno. Apoio-me em Negrine (1995, p. 15) quando afirma que

> (...) a educação psicomotora é uma técnica que, através de exercícios e jogos adequados a cada faixa etária, leva a criança ao desenvolvimento global de ser. Devendo estimular, de tal forma, toda uma atitude relacionada ao corpo, respeitando as diferenças individuais (o ser é único, diferenciado e especial) e levando a autonomia do indivíduo como lugar de percepção, expressão e criação em todo seu potencial.

Movimento é a condição natural do ser humano. Na infância, é um aspecto essencial para todo o desenvolvimento humano. Criança saudável não para – isso nos é absolutamente evidente. Sempre inquietas, correm, pulam, rolam, enfim, fazem tudo o que seus corpos mandarem e permitirem. Estão aprendendo e apreendendo o mundo em todas as suas dimensões, sobretudo a biopsicossocial.

Todas as 73 crianças com quem conversei indicaram, em suas respostas, a predileção por jogos em que se incluem o correr, o pular e o subir em brinquedos de *playground* ou em árvores, de preferência em grupo. Esse aspecto reflete o desenvolvimento humano: até os três anos, as crianças, em uma combinação do desenvolvimento motor, afetivo e cognitivo, deslocam-se rapidamente; após essa idade, elas começam a andar rápido, geralmente inclinadas na busca do eixo da gravidade; logo depois, elas são aceleração pura, em um fantástico exercício da coordenação motora global, do conhecimento do seu corpo, do tônus, da postura, do equilíbrio, da lateralidade e da organização espaçotemporal.

Considerando o contexto específico da proposta desta nossa oficina, que objetiva trabalhar com crianças em idade escolar, Le Boulch (1984, p. 24) nos empresta sua voz asseverando que a psicomotricidade deve ser objeto de trabalho no início da escolarização, pois

> (...) leva a criança a tomar consciência de seu corpo, da lateralidade, a situar-se no espaço, a dominar o tempo, a adquirir habilmente a

coordenação de seus gestos e movimentos, ao mesmo tempo em que desenvolve a inteligência. Deve ser praticada desde a mais tenra idade, conduzida com perseverança, [pois] permite prevenir inadaptações, difíceis de corrigir quando já estruturadas.

Em coadunação perfeita com a lição supracitada, veja o que aconteceu quando fiz esta pergunta a um menino de oito anos na escola onde observava as crianças jogarem:

– Eu estava vendo o quanto você corre. Não tem medo de cair?

– Não, se eu cair, eu levanto, ora!

Essa resposta nos deu uma formidável lição do viver, do tipo "levanta, sacode a poeira e dá a volta por cima", como reza a composição de Paulo Vanzolini, corroborando todas as premissas anteriores.

Uma mocinha de sete anos me confidenciou:

– Não gosto de ficar sentada o tempo todo...

É um apelo recorrente dos nossos infantes: "Não me acorrentem, não me congelem, não me parafusem, não me sufoquem! Sou liberdade, sou calor, sou movimento, sou vida!".

Em perfeita sintonia com a exigência de um planejamento e da imbricação das dimensões e dos fenômenos que ocorrem quando as crianças jogam, os quais defendo neste livro, Negrine (1995, p. 25) indica:

> Seja qual for a experiência proposta, o educador deverá levar em consideração as funções psicomotoras (esquema corporal, lateralidade, equilíbrio, etc.) que pretende reforçar nas crianças com as quais está trabalhando. Mesmo levando em conta que, em qualquer exercício ou atividade proposta, uma função psicomotora sempre se encontra associada a outras, o professor deverá estar consciente do que exatamente está almejando e onde pretende chegar.

Com base nessa importantíssima sinalização, vamos às propostas de atividades.

Dez jogos com a tônica no desenvolvimento psicomotor

Incluem-se aqui jogos que envolvem "engatinhar", "rolar", "balançar", "dar cambalhotas", "equilibrar-se em um só pé", "andar para os lados", "equilibrar-se e caminhar sobre uma linha no chão". Eis dez ideias bem legais para trabalhar com os pequenos:

1. COREOGRAFIA (LATERALIDADE, ATENÇÃO, PERCEPÇÃO)

- Recursos materiais: Nenhum.
- Dimensão principal: Psicomotora.
- Dimensões adjuvantes: Cognitiva, socializadora, motivadora.
- Nos Referenciais Curriculares Nacionais para a Educação Infantil/ MEC:
  - Âmbitos: Formação pessoal e social; conhecimento de mundo.
  - Eixos: Identidade e autonomia; movimento (expressividade, equilíbrio e coordenação), linguagem oral (falar e escutar).
- Procedimentos:
  - Organize o grupo de crianças em círculo e de pé. Oriente-as a seguir seus comandos. Se quiser apimentar o desafio, estabeleça que sempre que um jogador errar três vezes, ele vai sair do jogo e ficar como seu juiz ajudante. O próximo a errar três vezes deve trocar de lugar com ele. E assim por diante. Você pode começar pronunciando os comandos bem devagar e ir acelerando aos poucos, de acordo com o perfil do grupo. A seguir, uma sugestão de roteiro, à qual você naturalmente pode e deve acrescentar outras possibilidades:
    – Levantem (devem levantá-los e recolhê-los) o pé esquerdo, a mão direita, o pé direito, a mão esquerda, o joelho esquerdo, o joelho direito; mostrem a orelha esquerda, o olho direito, a orelha direita, o olho esquerdo; coloquem a mão esquerda no pé direito; a mão direita no pé esquerdo; a mão esquerda no pé esquerdo; a mão direita no pé direito; a mão direita no olho direito; a mão esquerda

no olho direito; a mão direita no olho esquerdo; a mão esquerda no olho esquerdo etc.

2. A BOLA QUE VAI E VOLTA (LATERALIDADE, ATENÇÃO, PERCEPÇÃO)

- Recursos materiais: Bola e apito.
- Dimensão principal: Psicomotora.
- Dimensões adjuvantes: Cognitiva, socializadora, motivadora.
- Nos Referenciais Curriculares Nacionais para a Educação Infantil/MEC:
  - Âmbitos: Formação pessoal e social; conhecimento de mundo.
  - Eixos: Identidade e autonomia; movimento (expressividade, equilíbrio e coordenação).
- Procedimentos:
  - Organize o grupo de crianças de pé em círculo e faça parte dele. Entregue uma bola para a criança que estiver ao seu lado direito, por exemplo, e explique a todas que essa bola deve passar de mão em mão. Alerte-as para os sinais de apito: se você apitar uma vez, quem estiver com a bola deve inverter o sentido do seu giro; se apitar duas vezes, quem estiver com a bola deve entregá-la para o segundo coleguinha após aquele que estiver na sequência; se apitar três vezes, quem estiver com a bola deve jogá-la para qualquer colega. Você pode estabelecer que quem errar permanece no jogo, mas não poderá mais receber a bola. Os três jogadores ativos que restarem serão os vencedores. Mas peça aplausos para todos.

3. COMPARTILHAMENTO DIVERTIDO (TÔNUS, ORGANIZAÇÃO ESPAÇOTEMPORAL, PERCEPÇÃO, ATENÇÃO, MEMÓRIA)

- Recursos materiais: Três bichinhos de pelúcia.
- Dimensão principal: Psicomotora.
- Dimensões adjuvantes: Cognitiva, socializadora, motivadora.

- Nos Referenciais Curriculares Nacionais para a Educação Infantil/ MEC:
    - Âmbitos: Formação pessoal e social; conhecimento de mundo.
    - Eixos: Identidade e autonomia; movimento (expressividade, equilíbrio e coordenação), linguagem oral (falar e escutar).
- Procedimentos:
    - Organize o grupo de crianças de pé e em círculo. Apanhe um dos bichinhos de pelúcia e explique que você vai pronunciar o próprio nome e arremessá-lo a uma criança que vai apanhá-lo. Ela vai escolher um coleguinha do círculo, dizer o próprio nome e fazer o arremesso. A segunda criança vai dar continuidade ao jogo, seguindo a mesma dinâmica. Entretanto, eis uma regra fundamental: o bichinho só pode ser arremessado para quem ainda não recebeu um deles, e isso vai exigir atenção dos jogadores. Quando o bicho chegar à última criança, esta vai arremessá-lo a você, fechando a rodada. Elas vão achar superdivertido! Mas não acaba aí. Diga-lhes que o jogo recomeçará incluindo batidas de pés. Isto é, enquanto o jogo ocorrer, todos devem bater os pés no chão. É um complicador muito divertido! Nessa etapa, brinque com as crianças algumas vezes, como treinamento, ressaltando que cada vez que o bichinho estiver na sua mão, ele deve ser arremessado sempre para a mesma pessoa. Por exemplo, se na primeira rodada você jogou o bichinho para o João, nas próximas rodadas deve fazer o arremesso novamente para o João, mantendo-se a sequência e os movimentos dos pés. Explore as várias possibilidades de rapidez para adequar um padrão ao grupo. Agora vem a parte mais emocionante do jogo: os três bichinhos vão entrar na roda. Comece arremessando o primeiro à mesma criança; assim que ela se desfizer do bichinho, arremesse o segundo e logo depois o terceiro. Insista para que não deixem de bater os pés durante todo o jogo. E divirta-se com elas e a profusão inevitável de risos.

4. A LAVADEIRA APRESSADA (COORDENAÇÃO MOTORA GLOBAL E FINA, ATENÇÃO, PERCEPÇÃO)

- Recursos materiais: Corda de varal, prendedores e peças diversas do vestuário.
- Dimensão principal: Psicomotora.
- Dimensões adjuvantes: Cognitiva, socializadora, motivadora.
- Nos Referenciais Curriculares Nacionais para a Educação Infantil/ MEC:
  - Âmbitos: Formação pessoal e social; conhecimento de mundo.
  - Eixos: Identidade e autonomia; movimento (expressividade, equilíbrio e coordenação).
- Procedimentos:
  - Divida o grupo de crianças em dois ou mais times, de acordo com a dimensão do espaço. Organize cada time em filas paralelas umas às outras. Arme o varal a uns 10 ou 15 metros das equipes. Entregue peças variadas de roupas, pequenas, médias e grandes (bermudas, meias, calças, vestidos, camisetas, gravatas...), em igual quantidade para cada criança que encabeça as filas. Entregue também quantidade de prendedores igual à de peças que receberam. Explique-lhes que, ao seu sinal, as que possuem os amontoados de roupas nas mãos devem ir rapidamente até o varal, estender as roupas, colocar um prendedor em cada peça, retornar à sua equipe, tocar a mão do colega que agora ocupa a cabeça da fila e retirar-se do jogo, passando a ser torcedora. O amigo, ao ser tocado, vai rapidamente ao varal, retira os prendedores, recolhe as roupas, retorna à sua equipe e entrega todo o material ao companheiro que ocupou sua posição na fila. O jogo deve prosseguir até que uma das filas esgote-se primeiro, quando, então, você vai declarar o time vencedor. O jogador que deixar cair, no varal ou no trajeto, peças ou prendedores deve retornar para apanhá-los e só então dar continuidade ao jogo.

5. APONTE A PARTE QUE OUVIU (CONHECIMENTO CORPORAL, ATENÇÃO, PERCEPÇÃO, MEMÓRIA)

- Recursos materiais: Nenhum.
- Dimensão principal: Psicomotora.
- Dimensões adjuvantes: Cognitiva, socializadora, motivadora.
- Nos Referenciais Curriculares Nacionais para a Educação Infantil/ MEC:
    - Âmbitos: Formação pessoal e social; conhecimento de mundo.
    - Eixos: Identidade e autonomia; movimento (expressividade e coordenação), linguagem oral (falar e escutar).
- Procedimentos:
    - Disponha o grupo de crianças em círculo. Convide uma para iniciar o jogo. Ela vai apontar uma parte de seu corpo, afirmando ser outra para um coleguinha do círculo. Por exemplo: "Este é meu umbigo!", apontando para o nariz. O colega escolhido vai colocar as mãos sobre a parte de seu corpo cujo nome ouviu. Nesse caso, vai colocar as mãos sobre o umbigo e dizer, por exemplo: "Este é meu cabelo!". O próximo à direita vai continuar o jogo. Se quiser apimentar o jogo, você pode determinar a vitória da criança que deu início ao desafio, quando alguém errar. Se ninguém errar, declare todo o grupo vencedor, elogiando todos.

6. RADIOGRAFIA DO MEU CORPO (CONHECIMENTO CORPORAL, PERCEPÇÃO, ORGANIZAÇÃO ESPAÇOTEMPORAL)

- Recursos materiais: Papel pardo, lápis, giz de cera, tesoura sem ponta, cola.
- Dimensão principal: Psicomotora.
- Dimensões adjuvantes: Socializadora, afetiva, criativa.
- Nos Referenciais Curriculares Nacionais para a Educação Infantil/ MEC:
    - Âmbitos: Formação pessoal e social; conhecimento de mundo.
    - Eixos: Identidade e autonomia; movimento (expressividade).

- Procedimentos:
  - Disponha o grupo de crianças em duplas. Peça que se revezem na atividade que vai ter início. Nessa primeira rodada, um dos membros da dupla deve abrir sua folha de papel pardo no chão, deitando-se sobre ela com os braços e as pernas levemente abertos. Seu parceiro vai fazer o contorno do seu corpo com lápis ou giz de cera. Em seguida, em trabalho conjunto, a dupla vai recortar a figura e colocar o nome do dono do contorno atrás dela (se a criança ainda não souber fazer isso, você poderá fazê-lo). Solicite, então, à criança que se deixou desenhar, que complete a silhueta, incluindo olhos, boca, nariz, cabelo, dedos, unhas, roupa etc. Vencida essa etapa, indique que é a vez do outro participante realizar esse passo a passo. Depois que os dois desenhos ficarem prontos, prepare um mural e os exponha. Durante uma visita guiada à exposição, promova comentários a respeito da importância de conhecer o próprio corpo, cite detalhes que as crianças possam ter esquecido de incluir na silhueta ou outros cuja existência tenha sido percebida durante a atividade.

7. TRIATLO DIFERENTE (POSTURA E EQUILÍBRIO)

- Recursos materiais: Nenhum.
- Dimensão principal: Psicomotora.
- Dimensões adjuvantes: Cognição, motivação.
- Nos Referenciais Curriculares Nacionais para a Educação Infantil/MEC:
  - Âmbitos: Formação pessoal e social; conhecimento de mundo.
  - Eixos: Identidade e autonomia; movimento (expressividade, equilíbrio e coordenação).
- Procedimentos:
  - Organize o grupo de crianças alinhadas atrás de uma linha de largada. A alguns metros à frente, estabeleça a linha de chegada. Explique a elas o que é um triatlo – uma competição

esportiva composta de três modalidades, natação, ciclismo e corrida –, e que vão ser desafiadas a correr um triatlo muito diferente. Ao seu sinal, elas vão correr nas pontas dos pés até a linha de chegada, de lá vão voltar correndo de costas na direção da linha de partida e, por último, correr novamente para a linha de chegada dando dois passos para frente e um para trás. No final da competição, peça aplausos para todos.

8. OS ÚLTIMOS SERÃO OS PRIMEIROS (POSTURA E EQUILÍBRIO, TÔNUS)

- Recursos materiais: Nenhum.
- Dimensão principal: Psicomotora.
- Dimensões adjuvantes: Cognitiva, socializadora, motivadora.
- Nos Referenciais Curriculares Nacionais para a Educação Infantil/MEC:
  - Âmbitos: Formação pessoal e social; conhecimento de mundo.
  - Eixos: Identidade e autonomia; movimento (expressividade, equilíbrio e coordenação).
- Procedimentos:
  - Da mesma maneira que o jogo anterior, organize o grupo de crianças alinhadas atrás de uma linha de largada e, alguns metros à frente, traceje a linha de chegada. Ao seu sinal, elas devem partir como se estivessem em câmera lenta, pois o ganhador vai ser o que chegar por último. Mas há uma regra fundamental: os corredores não podem parar, o movimento deve ter continuidade uniforme. Este jogo é um exercício maravilhoso de deambulação, isto é, o deslocamento caracterizado por um apoio do pé no chão. Ao final da competição, peça aplausos para todos.

9. O HIPNOTIZADOR (ORGANIZAÇÃO ESPAÇOTEMPORAL, TÔNUS, POSTURA E EQUILÍBRIO)

- Recursos materiais: Nenhum.
- Dimensão principal: Psicomotora.
- Dimensões adjuvantes: Cognitiva, socializadora, afetiva, criativa.
- Nos Referenciais Curriculares Nacionais para a Educação Infantil/MEC:
    - Âmbitos: Formação pessoal e social; conhecimento de mundo.
    - Eixos: Identidade e autonomia; movimento (expressividade, equilíbrio e coordenação).
- Procedimentos:
    - Um participante põe a mão a poucos centímetros do rosto do outro e este fica como que hipnotizado, devendo manter o rosto sempre à mesma distância da mão do hipnotizador. Este inicia uma série de movimentos com a mão, para cima e para baixo, fazendo com que o companheiro faça com o corpo todas as contorções possíveis a fim de manter a mesma distância. A mão hipnotizadora pode mudar, para fazer, por exemplo, com que o ator hipnotizado seja forçado a passar por entre as pernas do hipnotizador. Motive-os a usar a criatividade.

10. AS QUATRO BASES (ORGANIZAÇÃO ESPAÇOTEMPORAL)

- Recursos materiais: Bola e balizas.
- Dimensão principal: Psicomotora.
- Dimensões adjuvantes: Cognitiva, motivadora, socializadora.
- Nos Referenciais Curriculares Nacionais para a Educação Infantil/MEC:
    - Âmbitos: Formação pessoal e social; conhecimento de mundo.
    - Eixos: Identidade e autonomia; movimento (expressividade, equilíbrio e coordenação).

- Procedimentos:
    - Em um espaço amplo prepare um quadrado de cerca de cinco ou seis metros de lado. Em cada canto coloque uma baliza – pode ser uma carteira ou outro objeto disponível. Organize a turma de crianças em dois times. Faça um sorteio para ver quem começa o jogo. Quem ganhar o sorteio começa chutando, enquanto o outro tem de defender. O time que começar o jogo deve chutar a bola o mais longe que puder e correr ao redor das quatro balizas. Cada baliza que a criança representante do time ultrapassar vale um ponto. O time que estiver defendendo deve correr até onde a bola parou, pegá-la e acertar a criança que estiver correndo. Só aí ela deve parar e a contagem de pontos ser interrompida. Quando todas as crianças do time da vez tiverem chutado todas as bolas, as equipes devem trocar de posição e dar a vez ao outro time.

Jogos psicomotores tradicionais

Do universo dos jogos tradicionais que trabalham a dimensão psicomotora, estão: "carrinho de mão", "serra-serra-serrador", "pula sela", "cinco-marias", "amarelinha", "cabra-cega", "bambolê", "escravos de Jó", "pular corda", "soltar pipa", "batata quente", "cabo de guerra", "vivo-morto", "bandeirinha", "chicotinho queimado", "joão bobo", "pedra-papel-tesoura" etc.

E para além dos muros da escola?

São diversas as situações em que o jogo em sala de aula estreita as relações com o mundo vivencial extraescolar das crianças. Mais da metade das crianças colaboradoras deste estudo pertence a uma localidade privada de infraestrutura básica que proporcionasse conforto, segurança e saúde. Em relação ao bem-estar, elas estavam isentas da qualidade de vida pleiteada por todos nós. Os pais, na sua maioria, exercem funções humildes – como, por exemplo, a de pedreiro (20,6%), a de motorista (11,1%) e a de pintor de parede (7,9%). A esmagadora maioria das mães administrava sua casa (58,7%). Outras trabalhavam como empregadas domésticas (11,1%). As crianças tinham, em média, três irmãos, e suas casas eram habitadas por aproximadamente cinco pessoas. São dados que informam a restrição do espaço físico onde moravam e os mais variados padrões de relacionamentos interpessoais que precisavam empreender. As falas das crianças apontavam relações familiares socioafetivas, em geral, arruinadas, havendo, portanto, pouco espaço para a alegria em suas vidas. Os reduzidos metros quadrados de suas casas não eram lugares para o jogo.

Como bem disse Caillois (1990, pp. 56-57), "o brincar opõe-se à vida real, por isso é qualificado como frívolo. O que é ainda pior, é visto como tempo desperdiçado, enquanto o trabalho é o tempo bem empregado". Assim, muitas crianças ainda se dividiam entre deveres escolares e colaboração nas tarefas domésticas.

As aulas lúdicas preenchem uma importante lacuna: a catarse da alegria, além do afeto mútuo envolvendo professor-crianças e crianças-crianças. Outro vínculo que as situações de jogo em sala de aula possuem com esse outro universo é o respeito às regras e ao próximo. É importante acrescentar a atuação da disciplina livremente consentida, já que qualquer jogo tem caráter disciplinador, no sentido de que sem ordem não há jogo.

Suas próprias opiniões demonstraram que não gostavam de bagunça ou brigas no decorrer das atividades. O próprio caráter socializador do jogo aproxima os envolvidos do sentimento de solidariedade, por exemplo. São aspectos que favorecem a educação familiar, notadamente em um grupo social privado do acesso à cultura e ao lazer, no qual os pais, as mães e/ou os responsáveis pelas crianças tampouco têm formações e informações ideais para contribuir a contento.

O jogo pode representar uma experiência de ser premiado, vitorioso, o que traz às crianças muita alegria – desde que saibamos trabalhar com elas a questão de perder e ganhar. Sobretudo àquelas carentes e com dificuldade de aprendizagem, que têm poucas oportunidades de vivenciar essa situação, ou que nunca se sentem melhor em nada.

Entre outras inferências importantes que podem ser feitas está a motivação gerada pelo jogo em sala de aula, que pode proporcionar impulsos de atração pela escola – e, por que não, de permanência nela. O deslumbre é uma faceta original do jogo, por isso ele poderá representar um elo entre a criança e a escola.

Huizinga (1971, p. 13) reforça o argumento, ao escrever, incluindo seus próprios destaques, que "o jogo lança sobre nós um feitiço: é *fascinante, cativante*. Está cheio de duas qualidades mais nobres que somos capazes de ver nas coisas: o ritmo e a harmonia". O exercício do potencial criativo, principalmente no tocante à resolução de tarefas complexas, poderá, também, ser aproveitado para além dos muros da escola. E aqui convido Alves (1993, p. 21) a expor sua opinião:

> (...) se se acende a fornalha que faz entrar em ebulição o caldeirão mágico da criatividade, preparam-se os caminhos que conduzem dos subterrâneos reprimidos do inconsciente até nosso mundo diurno-institucional; abrem-se as portas das feras selvagens não reprimidas; soltam-se as águias.

Poderá ser o jogo, para as crianças, a fornalha dessa metáfora, que, ativando a dimensão criativa, ampliará os horizontes de seus mundos institucionais extraescolares. Capacitadas a realizar suas próprias buscas, portanto seus próprios encontros, estarão habilitadas a melhor dirigir suas experiências ulteriores.

A escola, dessa maneira, coloca-se a serviço não apenas da educação formal, mas também da vida. Quero entender que escola é vida e, em vista disso, deveria buscar sempre construir a ponte entre educação e família. Deveria esforçar-se mais em proporcionar situações que tornassem as crianças desejosas do saber. Deveria ser a antinomia à vida vivida pela metade. Solicito a palavra a Snyders (1993, p. 120), que reivindica: "Eu gostaria de uma escola onde a criança não tivesse que saltar as alegrias da infância, apressando-se, em fatos e pensamentos, rumo à idade adulta, mas onde pudesse apreciar em sua especificidade os diferentes momentos de suas idades".

De minha parte, gostaria de uma escola que recebesse (e percebesse) cada criança valorizando suas bagagens singulares, pessoais, mas transferíveis (porque permutáveis). As vivências advindas de seus universos extraescolares traduzem toda uma riqueza de valor pedagógico quando compartilhadas. O jogo infantil na sala de aula estreita os elos entre vivência intra e extraescolar, por proporcionar também uma aprendizagem social.

O que o jogo infantil pode fazer pela autoestima da criança?

A autoestima, como conjunto de valores que agregamos às atitudes que dirigimos a nós mesmos, pode ser representada por várias polaridades, como de autoaceitação ou de autorrejeição, de reconhecimento de habilidades ou de percepção (mesmo que equivocada) de inabilidades, de júbilo do sucesso ou de derrocada do fracasso.

De qualquer modo, é um olhar que dirigimos a nós mesmos, no sentido de uma autoavaliação confrontada com as "exigências" do contexto. Diz respeito às nossas capacidades de negociação da vida social, e isso começa bem cedo, logo que principiamos as interações com o mundo que nos cerca.

A autoestima é um componente subjetivo que se manifesta na forma de um sentimento ou de uma atitude recorrente de aceitação ou de negação de si mesmo, cuja construção pode originar-se, por exemplo, na qualidade da acolhida que se encontrou.

O jogo infantil, como espaço formidável de exercício de convivência e de articulação de fenômenos cognitivos, socializadores, motivadores, afetivos, criativos e psicomotores – aspectos que podem favorecer a construção de um autoconceito adequado –, permite a autoconfiança e o autorrespeito que possibilitam a autoestima; pode produzir o encantamento que se caracteriza como mecanismo de atração pela aula e pela escola; origina descobertas e autodescobertas importantes que podem conduzir a criança à firme construção de sua personalidade; explora as interações que favorecerão o reconhecimento do lugar da criança e dos outros no grupo, melhorando a qualidade de seus relacionamentos; pode promover o sentido de pertinência e aceitação pelo grupo; possibilita o espírito de extroversão, tão necessário à comunicabilidade; incentiva a persistência em direção a metas; favorece a valorização pessoal e a percepção de potencialidades.

A cogitação de Drummond ou o professor lúdico

Na infância, tudo gira em torno do lúdico, que se torna o epicentro multidimensional da evolução da criança, esse singelo ser. Assim, de maneira alguma a educação escolar pode alijar-se dessa conjectura cabal. Todavia, o processo educativo escolar sofre a intervenção do adulto, já pleno de conceitos e preconceitos. Se, em suas representações contextuais de mundo adulto, não houver espaço para a ludicidade, teremos rompido um elo da aliança lúdico-desenvolvimental-educativa. A socióloga, psicóloga e professora da Faculdade de Educação da Universidade de São Paulo Leny Mrech (1996, p. 122) é convidada a opinar acerca da capacidade lúdica do professor:

> (...) um professor que não sabe e/ou não gosta de brincar dificilmente desenvolverá a capacidade lúdica de seus alunos. Ele parte do princípio de que o brincar é perda de tempo. Assim, antes de lidar com a ludicidade do aluno, é preciso que o professor desenvolva a sua própria. O professor que, não gostando de brincar, esforça-se por fazê-lo normalmente assume uma postura artificial, facilmente identificada pelos alunos. A atividade proposta não anda. Em decorrência, muitas vezes os professores deduzem que brincar é uma bobagem mesmo, e que nunca deveriam ter dado essa atividade em sala de aula. A saída desse processo é um trabalho mais consistente e coerente do professor no desenvolvimento de sua atividade lúdica.

O professor, portanto, precisa estar naturalmente convencido do abundante valor pedagógico encerrado no jogo e, ainda, deixar avivar o ser lúdico às vezes reprimido dentro de si. Quantos de nós, adultos, não mantemos contido o espírito lúdico mais cândido? Quem se atreve a levar para as aulas os passatempos lúdicos que costumava realizar quando criança? A verdade é que traçamos uma espécie de Tratado de Tordesilhas entre os dois planos: para trás, por melhor que tenham sido, estão as ternas lembranças dos jogos da infância; do lado de cá da fronteira, por mais enfadonhos que sejam, nossos jogos de adultos. Há, para tanto, uma solução viável: uma progressiva e paciente reeducação do professor em relação ao entrave exposto. É uma condição prévia para que ele possa penetrar de pés desnudos no território "sagrado" do jogo infantil, tocar o que for concreto, cheirar o que for volátil, e, portanto, melhor dirigir as experiências infantis, que também serão suas.

Meu poeta de leituras mais recorrentes, Carlos Drummond de Andrade, oferece uma lírica e válida proposta para aproximar o adulto do brinquedo, embora nesta pesquisa me detenha bem mais no jogo, ressaltando que temos que senti-lo parte de nós. Eis o poema intitulado "Brinquedos para homens" (Andrade 1986, p. 159), na íntegra:

> Embora eu seja adulto,
> não me seduzem os brinquedos eletrônicos
> que a moda, irônica, me oferece.
> E excogito:
> que brinquedo inventar para o adulto,
> privativo dele, sangue e riso dele,
> brinquedo desenganado mas eficiente?
> Tenho de inventar o meu brinquedo,
> mola saltando no meu íntimo,
> alegria gerada por mim mesmo,
> e fácil, fluida, pluma,
> pétala.
> Sem pedir às máquinas e aos deuses,
> que cada um invente o seu brinquedo.

O poeta contemporiza o debate, sugerindo que não precisamos necessariamente brincar com os brinquedos das crianças para sermos homens lúdicos. Há outra possibilidade, que é a aludida cogitação drummondiana: criarmos nossos brinquedos, desde que sejam a revelação do nosso eu, desde que façam gerar a sensibilidade "fluida, pluma, pétala" reclamada. Se para nos aproximarmos mais intimamente do universo do jogo infantil precisaremos construir um túnel ou uma ponte, isso não importa. Importa, sim, uma condição *sine qua non*: precisamos ser lúdicos para ajudar a fazer o mundo mais lúdico.

A imbricação dos fenômenos

Com base no que foi estudado, podemos afirmar que as categorias de fenômenos mobilizados pelo jogo atuam de modo imbricado e interdependente, com uma apoiando-se sobre a outra, retroalimentando-se mútua e incessantemente. São processos dinâmicos de ações e reações circulares, como a roda não cartesiana da vida, que gira ao mesmo tempo em que se projeta à frente; a mandala imagética e metafórica do mundo, onde vivemos e jogamos; a engrenagem orgânica articulável, por meio da qual nos conectamos uns aos outros. Cada fenômeno reclama por outro, a fim de que o movimento não pereça.

Por exemplo, não havendo a socialização dos envolvidos, as dimensões afetiva e motivadora, que pressupõem reciprocidade, perdem sustentação; a criatividade, que pressupõe autoexpressão, sensibilidade e estímulo, torna-se igualmente desprovida de um insumo ideal. A dimensão cognitiva, por sua vez, se alimentada pelos demais fenômenos, encontrará uma situação privilegiada para a ocorrência de um processo bem-sucedido.

A afeição retroalimenta a socialização, ao mesmo tempo em que favorece a motivação; esta mobiliza os aspectos criativos e os devolve em forma de interesse produzido pela curiosidade semeada pela criação.

A dimensão criativa, então, fomenta a cognitiva e é fomentada por ela, já que a primeira torna o indivíduo sensível às lacunas do conhecimento, incitando-o à busca de soluções, e a segunda decodifica o contexto, possibilitando as respostas àquelas lacunas. A dimensão psicomotora perpassa todas as outras e é perpassada por elas.

É muitíssimo importante sublinhar que as dimensões sugeridas devem ser consideradas as iniciais, visto que, no desenrolar do jogo, outras dimensões são mobilizadas, dada a dinâmica natural das atividades lúdicas. O jogo infantil, situado como o centro gerador de todo o processo, alimenta o encadeamento dessas dimensões; trabalhadas conjuntamente, elas poderão proporcionar o desenvolvimento integrado das potencialidades das crianças e das habilidades que perpassam o processo educativo.

Devo advertir, porém, que a seleção dos jogos a serem realizados na prática educativa tem de levar em conta a presença de tais elementos constantes nas situações das atividades lúdicas; para tanto, o professor deverá manter-se atento a uma melhor valorização das dimensões em ação. Com essas dimensões trabalhadas em conjunto, a prática pedagógica será otimizada pelo jogo e proporcionará aprendizagens mais significativas e cativantes, franqueando às crianças a liberdade de construir e reconstruir o conhecimento de forma ativa.

É preciso ressaltar, igualmente, a imprescindibilidade da participação do professor como guia e, necessariamente, parceiro das situações lúdicas em sala de aula. Como um timoneiro, ele poderá conduzir a direção do processo rumo aos objetivos pretendidos e à valorização dos aspectos já aqui referidos como carentes de melhor atenção. Como condutor, ele poderá ainda aparar arestas que surjam como riscos de apreensão de valores e habilidades insólitos. O jogo é um paiol de aprendizagens de toda ordem, inclusive de aprendizagens indesejáveis. Daí a importância da participação ativa de adulto, tendo sempre em mente todas as possibilidades de aprendizado efetivo proporcionadas pelo jogo. A situação de jogo mobiliza todas as potencialidades e capacidades da criança, e esse menu é farto e convidativo.

ARREMATES 3

> *Na criança que brinca
> há um herói que dorme,
> e que às vezes se descobre um instante.*
> Chateau (1987, p. 125)

O herói latente

Mais que oportuna. Assim classifico a fala de Chateau nessa epígrafe. Não há qualquer dúvida em afirmar que à sombra da criança brincante há outro ser que a move. Um ser mítico, onírico e etéreo abrigado em seu cômodo imaginativo e que caminha ao seu lado *pari passu*. A criança brincante carrega consigo seu herói latente e imbatível, fruto das mais mirabolantes possibilidades da imaginação pueril. Um herói adormecido, mas de sono leve, disposto a descobrir-se um instante e revelar-se espelho das projeções fabulosas da pessoa adulta que ela virá a ser.

Fica ainda mais consolidada a ideia da inerência do jogo ao universo infantil, daí a afirmação: a prática pedagógica do início da escolarização extrai benesses dessa formidável característica, se compreendida e aplicada adequadamente, porque reside no jogo amplas possibilidades de favorecimento dos processos desenvolvimentais e educativos visando ao sucesso acadêmico e à vida social.

Como pontuado pelo poeta libanês Gibran (1987), em *O profeta*, os alunos mirins são, para nós, professores, como filhos: "Podes dar-lhes teu amor, mas não teus pensamentos. Podes abrigar seus corpos, mas não suas almas. Podes esforçar-te para te pareceres com eles, mas não procures fazê-los semelhantes a ti. Tu és o arco do qual teus filhos, como flechas vivas, são disparados". Escolas e alunos passam por nós, educadores. Vidas que partilham olhares, vozes e sonhos; vidas que seguem adiante, na ruidosa, veloz e inapelável engrenagem da existência.

Tenho a impressão de que, ao final da grande aventura que foi a construção deste livro, dos preciosos e muitos dias em que me miscigenei com as crianças, levei como legado muito mais do que deixei. Resiste em mim o ímpeto de afirmar que elas me fizeram mais sábio, que depositaram em mim, cada uma delas, seu tijolinho valioso. E que a edificação que eu venha a erguer, a partir dessa conclusão que nada pretende encerrar (já que prefere deduzir, mas não põe término), possa acolher todos os quereres e saberes presentes, potenciais e vívidos, do universo infantil.

E mais: eu diria que, se estamos sempre aprendendo, é porque estamos sempre jogando e renovando o jogo. Quando bafejam em nós as sensações novas do aprendizado, o jogo torna-se fascinante. E jogamos o jogo até que dele tenhamos extraído o que julgamos ser todo o seu sumo. E, um pouco mais enriquecidos, buscamos um jogo novo, como uma criança que, tendo vencido todos os desafios de um fácil quebra-cabeça, parte, sedenta, à procura de um jogo mais complexo, convencida de que a aprendizagem pode ser feita com prazer.

A grande bola azul

São imensuráveis os desafios do brincar em face de um mundo e de uma escola que valorizam apenas a circunspeção das coisas da vida, que não se dão conta da própria essencialidade lúdica do ser humano, que não percebem que esta superfície que pisamos, vista bem do alto, é uma grande e formidável bola azul. Quantas brincadeiras podemos inventar com essa (e nessa) esfera abaulada? Quantas experiências prenhes de prazer nos permitimos ousar neste globo telúrico? Esses desafios visitam a escola, já que ela não apenas prepara para a vida, mas é vida. Creio mesmo que as instituições escolares, fundamentalmente as de início de escolarização, têm em suas mãos mais uma importante responsabilidade ("como se já não bastassem tantas!", dirá o leitor): facilitar e – mais! – promover o engajamento de seus professores no sentido de proporcionarem, nos entremeios dos seus conteúdos, as possibilidades de engrandecimento humano que a ludicidade oferece. Desejo sofregamente receber notícias de escolas, professores e alunos embebidos de alegria, demovendo o contexto casmurro e, por vezes, hostil que por muitas vezes permeiam suas ações.

Até aí, corre tempo. Sei disso. É quesito prévio, para tanto, a construção de relações de respeito, amor e confiança entre gestores, professores e alunos. E isso não se faz por memorando, e sim no âmago de ações livres das tensões que nos separam; isso se faz quando pisamos com os pés descalços no mesmo chão, ao mesmo nível; quando nos tocamos e trocamos as melhores experiências e vivências. Convenço-me de que o jogo, com seu teor onírico, coloca-se como um pronto colaborador para chegarmos cada vez mais próximo dessa utopia. Aliás, cada um de nós é um pouco dos brinquedos e das brincadeiras que brincou. Deveremos ter, todavia, a clareza de que nada garante nada, porque tudo é provisório nessa inefável transformação incessante que constrói e reconstrói as coisas, o homem e o universo.

De Odisseu a Dom Quixote

Dentre as venturas e desventuras de um educador, balizado ora pelo real, ora pelo utópico, vale viver a aventura de contribuir com esse inexprimível processo de mutações, construções e reconstruções que conduz a criança à idade adulta. Vale viver as tentativas e o ideal de proporcionar toda a satisfação e todo o prazer possíveis para a criança ao longo do processo educativo. Vale declamar, dançar, cantar, contar uma história e, também, propor o jogo na sala de aula, tornando-se, para além de professor, um parceiro de aventuras e de sonhos. Isso tem um custo, dá mais trabalho, exige uma dose a mais de dedicação e outras tantas de amor. Todavia, a recompensa não pode ser medida nem explicada.

Há uma realidade institucional pública áspera e, via de regra, que depõe contrariamente, querendo provar-nos a impossibilidade de sonho ao derredor. Entretanto, assim era o mais importante personagem de Cervantes: sempre disposto a desafiar qualquer empecilho que lhe impusessem, mesmo que fossem moinhos de vento.

No imaginário do jogo, há nuvens acolchoadas que se contrapõem ao piso esburacado e às vidraças quebradas da escola. Não importa, isso é pouco se o professor crê na magnanimidade do herói. Como educadores, vivemos proezas e frustrações diante do que a instituição escolar pública tem para oferecer. Mas há a grandeza da alma infantil, que transforma o pouco em suficiente, e dali seu instrumento de evolução. Ouso fazer minha a prece de Drummond, na forma de poesia, no anelo de uma escola sonhada por todos nós:

> Eu queria uma escola que cultivasse a curiosidade e a alegria de aprender que em vocês é natural. Eu queria uma escola que educasse seu corpo e seus movimentos; que possibilitasse seu crescimento físico e sadio. Normal. Eu queria uma escola que, desde cedo, usasse materiais concretos para que vocês pudessem ir formando corretamente os conceitos matemáticos, os conceitos de números, as operações... usando palitos, tampinhas, pedrinhas... só porcariinhas!!! Fazendo vocês aprenderem brincando! (...) Deus que livre vocês de ficarem passivos, ouvindo e repetindo, repetindo... Eu também queria uma escola que desenvolvesse a sensibilidade que vocês já têm para apreciar o que é terno e bonito. Eu queria uma escola que ensinasse vocês a conviver, a cooperar, a respeitar, a saber viver numa comunidade, em união. Que vocês aprendessem a transformar a criar. Que lhes desse múltiplos meios de vocês expressarem cada sentimento, cada drama, cada emoção. (Andrade 1988, p. 54)

Para nós, educadores, fica o desejo de viver o mito grego do herói perfeito, à semelhança do Odisseu de Homero. Mas, cientes de que nossa educação é carente também de invenção, devemos ser também audaciosos e sempre montar um Rocinante para tentar legar ao nosso aluno alguma "alegre figura", alguma possibilidade a mais de crescer em harmonia. Sabemos que, no reino da nossa escola (pública, principalmente), são poucos os valentes que se assemelham ao mito quixotesco, que ousam ir sempre um pouco mais além daquele mínimo necessário nesse território de inconsoláveis paixões e moinhos de vento.

Que esses poucos se multipliquem, que a escola cante sempre melodias alegres, que nossas crianças embebam-se de entusiasmo, que a prática pedagógica da escolarização infantil descubra, no fascínio do jogo, a alegria do aprender.

TRÊS TEXTOS PARA A
REFLEXÃO DE PAIS E PROFESSORES

JARDIM DE INFÂNCIA

Robert Fulghum[1]

Este texto é de uma sábia e incomum sensibilidade. Mostra-nos as grandes descobertas, as inesquecíveis aprendizagens ocultas nas suavidades das aparentes pequenas coisas. Fala das aprendizagens definitivas que podemos ajudar nossos alunos a construir por meio da leveza do ser criança.

Tudo o que hoje preciso saber – sobre como viver, o que fazer e como ser –, eu aprendi no jardim de infância. A sabedoria não se encontrava no topo da montanha da pós-graduação, mas no montinho de areia da escola dominical. A seguir, indico as coisas que lá aprendi.

Compartilhar tudo. Jogar dentro das regras. Não bater nos outros. Colocar as coisas de volta ao seu lugar. Arrumar a bagunça. Não pegar as coisas dos outros. Pedir desculpas quando machucar alguém. Lavar as mãos antes de comer. Dar descarga. Biscoitos quentinhos e leite frio fazem bem para você. Levar uma vida equilibrada. Aprenda um pouco e pense um pouco e desenhe e pinte e cante e dance e brinque e trabalhe um pouco todos os dias. Quando sair, cuidado com os carros! Dar as mãos e

---

1. Ver: http://www.robertfulghum.com.

ficar junto. Reparar nas maravilhas da vida. Lembre-se da sementinha no copinho plástico: as raízes descem, a planta sobe e ninguém realmente sabe como ou por quê, mas somos todos assim. O peixinho dourado, o *hamster*, os camundongos brancos e até mesmo a sementinha no copinho plástico – todos morrem. Nós também. E lembre-se da sua cartilha e da primeira palavra que você aprendeu – a maior de todas. OLHE. Tudo o que você necessita saber está lá, em algum lugar.

O MENININHO

Helen E. Buckley[2]

Este magnífico texto narra a história de uma criança tolhida pela escola de um mínimo de autonomia e bloqueada na sua criatividade. Os resultados são comprometedores, como conclui esta instigante metáfora.

Era uma vez um menininho. Ele era bastante pequeno. E ela era uma grande escola. Mas quando o menininho descobriu que podia ir à sua sala, caminhando através da porta da rua, ele ficou feliz. E a escola não parecia mais tão grande quanto antes.

Uma manhã, quando o menininho estava na escola, a professora disse:

– Hoje vamos fazer um desenho.

– Que bom! – pensou o menino. Ele gostava de fazer desenhos.

Ele podia fazê-los de todos os tipos: leões, tigres, galinhas, vacas, trens e barcos; e ele pegou sua caixa de lápis e começou a desenhar. Mas a professora disse:

– Esperem! Ainda não é hora de começar! – E ela esperou até que todos estivessem prontos. – Agora – disse a professora – nós iremos desenhar flores.

---

2. Helen E. Buckley vive na Flórida, EUA, e o texto, disponível em diversos *sites*, foi originariamente publicado na *School Arts Magazine*, em 1961.

– Que bom! – pensou o menininho. Ele gostava de desenhar flores e começou a desenhar flores com seus lápis rosa, laranja e azul. Mas a professora disse:

– Esperem! Vou mostrar como fazer!

E a flor era vermelha, com o caule verde.

– Assim! – disse a professora. – Agora vocês podem começar.

Então ele olhou para sua flor. Ele gostava mais da sua flor, mas não podia dizer isso. Ele virou o papel e desenhou uma flor igual à da professora. Era vermelha e tinha o caule verde.

Num outro dia, quando o menininho estava em aula, ao ar livre, a professora disse:

– Hoje iremos fazer alguma coisa com o barro.

– Que bom! – pensou o menininho. Ele gostava do barro. Ele podia fazer todos os tipos de coisas com o barro: elefantes, camundongos, carros e caminhões. Ele começou a juntar e amassar a sua bola de barro. Mas a professora disse:

– Esperem! Não é hora de começar. – E ela esperou até que todos estivessem prontos. – Agora nós iremos fazer um prato.

– Que bom! – pensou o menininho. Ele gostava de fazer pratos de todas as formas e tamanhos. A professora disse:

– Esperem! Vou mostrar como se faz. – E ela mostrou a todos como fazer um prato fundo. – Assim, agora vocês podem começar.

O menininho olhou para o prato da professora. Então olhou para o seu próprio prato. Ele gostava mais do seu prato do que do da professora. Mas ele não podia dizer isso. Ele amassou o barro numa grande bola novamente e fez um prato igual ao da professora. Era um prato fundo. E muito cedo o menininho aprendeu a esperar e a olhar, e a fazer as coisas exatamente como a professora. E muito cedo, ele não fazia mais coisas por si próprio.

Então aconteceu que o menininho e sua família se mudaram para outra casa, em outra cidade, e o menininho tinha que ir para outra escola. Essa escola era ainda maior que a primeira. E não havia porta da rua para a sua escola. Ele tinha que subir grandes degraus até chegar à sua sala de aula. E no primeiro dia de aula, ele estava lá. A professora disse:

– Hoje nós vamos fazer um desenho.

– Que bom! – pensou o menininho, e ele esperou que a professora dissesse o que fazer. Mas a professora não disse nada. Ela apenas andava na sala. Veio até o menininho e disse:

– Você não quer desenhar?

– Sim! – disse o menininho. – O que é que nós vamos fazer?

– Eu não sei, até que você o faça! – disse a professora.

– Como posso fazê-lo? – perguntou o menininho.

– Da maneira que você gostar... – disse a professora.

– E de que cor? – perguntou o menininho.

– Se todo mundo fizer o mesmo desenho e usar as mesmas cores, como posso saber quem fez o quê? E qual o desenho de cada um?

– Eu não sei... – disse o menininho.

E ele começou a desenhar uma flor vermelha com caule verde.

APENAS BRINCANDO

Anita Wadley[3]

Valioso texto que chama a atenção de pais e educadores no sentido de olhar com todo respeito possível para o brincar infantil atentando-se para a seriedade com que a criança percebe tal ato. Ele fala da importância de valorizarmos e estimularmos esse saudável e insubstituível momento que reflete diretamente no desenvolvimento de nossos pequenos.

---

3. Anita Wadley é professora de educação infantil em Oklahoma e o texto, de larga circulação na internet, foi escrito em 1874. O *site* onde foi originalmente publicado é www.justplayingpoem.com/Site/JUST_Playing.html.

Quando estou construindo com blocos no quarto de brinquedos,
Por favor, não diga que estou apenas brincando,
Porque, enquanto brinco, estou aprendendo sobre equilíbrio e formas.
Quando estou me fantasiando,
Arrumando a mesa e cuidando das bonecas,
Por favor, não me deixe ouvir você dizer: "Ele está apenas brincando".
Porque, enquanto eu brinco, eu aprendo.
Eu posso ser mãe ou pai algum dia.
Quando estou pintando até os cotovelos,
Ou de pé diante do cavalete, ou modelando argila,
Por favor, não diga que estou apenas brincando,
Porque, enquanto eu brinco, eu aprendo.
Estou expressando e criando
Eu posso ser artista ou inventor algum dia.
Quando estou entretido com um quebra-cabeça ou com algum brinquedo na escola,
Por favor, não sinta que é um tempo perdido com brincadeiras.
Porque, enquanto eu brinco, estou aprendendo.
Estou aprendendo a me concentrar e resolver problemas.
Eu posso estar numa empresa algum dia.
Quando você me vê aprendendo, cozinhando ou experimentando alimentos,
Por favor, não pense que, porque me divirto, é apenas uma brincadeira.
Eu estou aprendendo a seguir instruções e perceber as diferenças.
Eu posso ser um chefe algum dia.
Quando você me vê aprendendo a pular, saltar, correr e movimentar meu corpo,
Por favor, não diga que estou apenas brincando.
Eu estou aprendendo como meu corpo funciona.
Eu posso ser um médico, um enfermeiro ou um atleta algum dia.
Quando você me pergunta o que fiz na escola hoje,
E eu digo: eu brinquei,
Por favor, não me entenda mal.
Porque, enquanto eu brinco, estou aprendendo.
Estou aprendendo a ter prazer e ser bem-sucedido no trabalho.
Eu estou me preparando para o amanhã.
Hoje, eu sou uma criança e meu trabalho é brincar.

REFERÊNCIAS BIBLIOGRÁFICAS

ABRAMOVICZ, Anete (1995). *A menina repetente*. Campinas: Papirus.

ALENCAR, Eunice (1980). *Psicologia: Introdução aos princípios básicos do comportamento*. Petrópolis: Vozes.

_____ (1995). *Criatividade*. Brasília: Ed. da UnB.

ALVES, Rubem (1993). *Conversas com quem gosta de ensinar*. São Paulo: Cortez.

ANDRADE, Carlos Drummond de (1986). *Amar se aprende amando*. Rio de Janeiro: Record.

_____ (1988). *70 historinhas*. Rio de Janeiro: Record.

ASSMANN, Hugo (1998). *Reencantar a educação: Rumo à sociedade aprendente*. Petrópolis: Vozes.

BACHELARD, Gaston (1996). *A formação do espírito científico*. Rio de Janeiro: Contraponto.

BRASIL (1998). Ministério da Educação e do Desporto. Referenciais Curriculares Nacionais para a Educação Infantil, Brasília.

BROUGÈRE, Gilles (1997). *Brinquedo e cultura*. São Paulo: Cortez.

_____ (1998). *Jogo e educação*. Porto Alegre: Artes Médicas.

CAILLOIS, Roger (1990). *Os jogos e os homens: A máscara e a vertigem*. Lisboa: Cotovia.

CHATEAU, Jean (1987). *O jogo e a criança*. São Paulo: Summus.

COTRIM, Gilberto e PARISI, Mário (1985). *Fundamentos da educação: História e filosofia da educação*. São Paulo: Saraiva.

CUNHA, Nylse (1994). *Brinquedoteca: Um mergulho no brincar*. São Paulo: Maltese.

DEWEY, John (1940). "My pedagogic creed". *In*: DEWEY, John. *Education today*. Editado por Joseph Ratner. Nova York: Putnam's Sons.

_____ (1978). *Vida e educação*. São Paulo: Melhoramentos/MEC.

EVANS, David (1979). *Games and simulations in literacy training*. Tehran: Hulton Educational Publications.

GADOTTI, Moacir (1993). *História das idéias pedagógicas*. São Paulo: Ática.
GIBRAN, Khalil (1987). *O profeta*. Rio de Janeiro: Record.
GORDON, Alice (1972). *Games for growth: Educational games in the classroom*. Chicago: SRA.
HARPER, Babette et al. (1987). *Cuidado, escola!: Desigualdade, domesticação e algumas saídas*. São Paulo: Brasiliense.
HUIZINGA, Johan (1971). *Homo ludens: O jogo como elemento de cultura*. São Paulo: Edusp/Perspectiva.
IDE, Sahda Marta (1996). "O jogo e o fracasso escolar". In: KISHIMOTO, Tizuko (org.). *Jogo, brinquedo, brincadeira e a educação*. São Paulo: Cortez.
JACQUIN, Guy (1971). *A educação pelo jogo*. São Paulo: Flamboyant.
KISHIMOTO, Tizuko (1988). *A pré-escola em São Paulo (1877 a 1940)*. São Paulo: Loyola.
_____ (1993). *Jogos tradicionais infantis: O jogo, a criança e a educação*. Petrópolis: Vozes.
LE BOULCH, Jean (1984). *A educação pelo movimento: A psicocinética na idade escolar*. Porto Alegre: Artes Médicas.
MIRANDA, Nicanor (1990). *210 jogos infantis*. Belo Horizonte: Itatiaia.
MRECH, Leny (1996). "O uso de brinquedos e jogos na intervenção psicopedagógica de crianças com necessidades especiais". In: KISHIMOTO, Tizuko (org.). *Jogo, brinquedo, brincadeira e a educação*. São Paulo: Cortez.
NEGRINE, Airton (1995). *Aprendizagem e desenvolvimento infantil: Psicomotricidade, alternativas pedagógicas*. Porto Alegre: Prodil.
OLIVEIRA, Zilma de Moraes (1994). *L.S. Vygotsky: Algumas idéias sobre desenvolvimento e jogo infantil*. São Paulo: FDE.
OSTROWER, Fayga (1987). *Criatividade e processos de criação*. Petrópolis: Vozes.
PEARCE, Joseph (1987). *A criança mágica*. Rio de Janeiro: Francisco Alves.
PIAGET, Jean (1971). *A formação do símbolo na criança: Imitação, jogo e sonho, imagem e representação*. Rio de Janeiro: Zahar.
_____ (1987). *O nascimento da inteligência na criança*. Rio de Janeiro: LTC.
_____ (2002). *Epistemologia genética*. São Paulo: Martins Fontes.
ROSAMILHA, Nelson (1979). *Psicologia do jogo e aprendizagem infantil*. São Paulo: Pioneira.
ROUSSEAU, Jean Jacques (1987). *Ensaio sobre a origem das línguas*. São Paulo: Nova Cultural.
SNYDERS, Georges (1988). *A alegria na escola*. São Paulo: Manole.
_____ (1993). *Alunos felizes*. Rio de Janeiro: Paz e Terra.
VYGOTSKY, Lev (1984). *A formação social da mente*. São Paulo: Martins Fontes.
_____ (1996). *Teoria e método em psicologia*. São Paulo: Martins Fontes.
_____ (1998). *Pensamento e linguagem*. São Paulo: Martins Fontes.
WALLON, Henri (1981). *A evolução psicológica da criança*. Lisboa: Edição 70.
WINNICOTT, Donald (1971). *A criança e o seu mundo*. Rio de Janeiro: Zahar.
_____ (1997). *Pensando sobre crianças*. Porto Alegre: Artes Médicas.